斜槓族的 13個原子習慣

建立正確習慣，
改變未來人生

U0008434

王俊凱、Anderson、小薇、Joè、喬王、Grace、Kota、
阿元、April、Kevin、陳建鼎、Hebe、John——合著
吳明展——總策劃

▍推薦序：追求斜槓，其實是在追求幸福

理財醫生 陳大仁

貧富，不是口袋金錢的多寡，而是一種人生觀跟生命的態度！沒有窮口袋，只有窮腦袋！在這個變動快速的時代，要實現財務自由的人生，必須有革命性思維，才有辦法彎道超車，成功致富！

這次聽到明展要出書，著實替他高興！本書的主題是斜槓，同時書中有 13 位成功斜槓青年，在他們各自領域都透過斜槓精神大放異彩，打造多重的收入來源！

在新冠病毒（COVID-19）肆虐的年頭，不只「個人」需要斜槓，一家「公司」也需要斜槓轉型，甚至一個「國家」都需要斜槓，才能在這個快速變動的後疫情時代，找到新的出路、新的定位！

- 如果你正在人生的十字路口徬徨，找不到方向定位。
- 如果你正想要斜槓，增加額外收入，但卻找不到方法。
- 如果你想要斜槓，增加不同身分，但卻不知道如何篩選。

我非常推薦這本書給你，透過了解這些成功斜槓的前輩，激盪自己新的思維，找到自己新的出路！

一個人會開始追求斜槓，其實是在追求幸福，如果你是正在追求幸福的路上，請攜上本書同行，相信本書會在重要的時刻為你帶來不同的啟發跟實戰的方法，幫助你更早、更快到達幸福的彼岸。

[推薦人小檔案]

陳大仁

清華創業家教育顧問有限公司負責人 / 知名理財作家（博客來、金石堂非文學類排行第一名）/ 百大企業教育訓指定講師（聯發科、台灣賓士、阿里巴巴、永慶房屋等）/ 榮獲世界第一理財大師羅伯特艾倫強力推薦 / 自創一套「鷹眼理財法」，三年幫家裡還清千萬負債，三十歲前就存到人生的第一個八位數存款，每年幫助超過百位學員，在財務獲得巨大提升！

推薦序：斜槓身分是透過不同形式轉換而來

國際記憶協會理事長 王煜明

很高興受到本書總策劃的邀請撰寫推薦序，我是既驚喜又害怕。驚喜的是，原來自己斜槓的身分，居然可以為斜槓的主題書寫推薦序；害怕的是，這是我第一次寫推薦序，深怕沒能替本書加分。

看完本書的目次後，發現居然共有 13 位不同領域、形式的斜槓人，共同來分享精彩的人生故事，讓我對於本書更加感興趣。比起以往人生傳記類的書籍，利用一本書充分的寫出作者一輩子的人生故事，我更喜歡像本書這樣，可以為讀者初次認識斜槓，能夠更廣泛的透過一本書籍，直接比較各類斜槓的差異。

前言中提到「所謂原子習慣，原子是構成你我的基礎，也是構成整個世界的基礎。」這句話讓我下意識的想到「能量守恆定律」，因為我們世間的萬物，都是透過不同形式的轉換，它不會憑空出現，也不會憑空消失，只是轉化成其他形式。

我們所創造的各種斜槓身分也是如此，它並不會憑空出現，而是透過不同形式轉換而來，這些形式可能是時間，可能是經歷，或是精力、人脈、金錢……等。

本書非常推薦想要成為斜槓人的朋友們閱讀，不管是體制

內、體制外的斜槓經驗，本書都包含在內。可以藉由觀摩這些斜槓人的成功軌跡，選擇目前最適合自己的方式參考學習，並且保持你的原子習慣。相信積年累月後，你的斜槓會為你帶來不可限量的斜槓人生。

[推薦人小檔案]

王煜明

記憶選手 / 記憶教練 / 記憶裁判 / 全腦開發教學 / 賽事主辦 / 桌遊代理商 / 桌遊開發者 / 財富流沙盤教練 / 共享空間經營 / 協會立案輔導 / 加密貨幣礦場投資

▎推薦序：航向人生圓滿，必修的斜槓力

身心靈融合成長哲學大師 吳浩中

敬愛的明展不僅是我多年來的合作夥伴，更是血緣關係上的堂叔，親上加親的我們，自然無話不聊。談及最初的夢想，熱愛棒球的他毫不遲疑的表示：想要認領一塊棒球場，花錢請人按時整理，提供有志一同的學弟妹有地方可以打球，免於想打球卻沒場地可打的遺憾。他講得擲地有聲，鏗鏘有力，加上招牌的笑容，使我記憶猶新！

每個人都該有夢想，讓我們除了柴、米、油、鹽、醬、醋、茶的追尋外，更有自覺的貢獻自我，為周遭的世界付出一份心力。而夢想是引領我們邁向偉大航道的航海圖，使我們超脫世俗的困窘，加速蛻變出人生的光明美好。

然而想要築夢踏實，卻需要有意識的覺察與大膽的選擇，才能真正辦到。值此變遷快速的年代，想要一份工作到老方休，已經是非常罕見，更別說只靠一份工作，想滿足人生的基本需求及夢想的追尋，那早已成為一個都市傳說。

後疫情時代的侵襲下，可以看見文明生活是多麼的脆弱，牽一髮而動全身，無人可以倖免。短短的一年內，見證了生活習慣的改變、工作結構的重組與科技媒體的更加依賴。我們不僅要主動求變，還要變得有道理，變得有層次，才能讓自己異

軍突起，踏上征途。

　　起初細微的改變，終能帶來巨大的成果。透過書中斜槓人的現身說法，將能清楚看見他們的改變軌跡，總結出十三個原子習慣，成為加速你我夢想的推進器。

　　人生太短，不該微不足道。改變未來，就從這一刻開始！邀請您閱讀本書、按圖索驥，準備好記錄下自己的嶄新足跡。

[推薦人小檔案]

吳浩中

企業內訓特約講師 / 公眾演說培訓師 / 荔枝微課音訊老師 / 財富流教練 / 網路行銷文案寫手 / 命理占卜師 / 西瓦心靈術執行師 /NLP執行師 / 中國心理催眠培訓師 / 臺灣大學政治系

▌推薦序：掌握幸福人生，從跨界發展開始

Vista 鄭緯筌

日前明展兄（Anderson）傳了一則 LINE 訊息給我，説由他主編的書即將付梓出版，希望我能夠抽空寫一篇推薦序。

説到 Anderson，雖然我們又有一陣子不見了，但感覺卻非常熟悉，此刻眼前浮現許多的畫面。臉書告訴我，我和 Anderson 是自 2008 年 12 月以來的朋友，換言之，我們認識已經超過十二個年頭了！

印象中的他，不但是一個和藹可親的爸爸，也是一位在職場上發光發熱的成功人士。Anderson 不但擁有扎實的技術研發實力，擅長資訊系統開發與專案管理，此外，他對繪畫、創作等藝文活動也有所涉獵，誠然是一位把生活過得多采多姿的斜槓族。

新冠肺炎疫情肆虐全球，至今尚未停歇。憂心疫情蔓延的此刻，也讓很多朋友對生活充滿了危機感，更對未知的將來感到徬徨。大家不免開始思考，除了「Work from home」的選項之外，是否還有其他跨界發展的可能？

如果你羨慕 Anderson 的悠遊生活，抑或想要創業改變世界，甚至希望在本業之外，另外尋覓各種發展的可能，我想本書都滿值得一讀的。

Anderson 不但大方分享了他對事業發展的觀察，也在書中整理了許多順利擠身斜槓族的心法，同時還採訪了不少生活和事業都有成的傑出朋友們。如果你能花點時間好好閱讀，肯定會有不少嶄新的收穫！

[推薦人小檔案]
鄭緯筌
世新大學資管系、臺灣大學工業工程學研究所畢業，是一位專欄作家、企業講師與網路顧問。曾任風傳媒產品總監、《數位時代》雜誌主編與 APP01 網站總監等職務，也是《內容感動行銷》、《慢讀秒懂》等書籍作者。
目前為「Vista 寫作陪伴計畫」主理人
https://www.vistacheng.com/

▌前言：你該怎樣成為一個抓穩未來的斜槓人

總策劃 吳明展

談起斜槓，這已經不是一個新概念了，網路上大家斜槓已久，坊間也有不少相關的書。但相信還是有很多人不確定什麼是斜槓，畢竟就連專家們在介紹斜槓定義時，也有不同說法。

然而，這裡必須要說，一個術語或一個名詞，唯有當其跟我們「實際生活」產生連結，才會變得重要。否則，我們並非文字考據學者，考證詞語正確定義並非我們的專職。

但我們終究還是想要追求更好的人生，包含更高的收入、更有效率的賺錢方式、更美好的生活多元面向……，簡言之，我們希望追求更幸福的生活。既然斜槓是現在社會的趨勢，那麼大家自然也需要關心斜槓跟自己生涯的關係。

人人都想斜槓，但如何才是真斜槓？

以最簡單的概念來說，斜槓如同字義所展示的，就是「／」的意思，當我們提到斜槓青年或斜槓人生，闡釋的重點不在於他的名片上有多少「／」，而應該在於他為何要用那些「／」，以及這些「／」帶給他的整體價值是什麼？

人人都可以讓自己的頭銜很多，名片上印出一排排的「／」，舉例來說：

- 某甲的稱號：電玩達人／遊戲分析師／遊戲撰述員／遊戲測試員／電競隊成員

  當大家看到他的名片，表面上可能會說聲：「哇！你是遊戲產業的高手耶！」但內心裡不免 OS，反正就是電玩達人的意思嘛！寫那麼多頭銜，還不都是類似的概念？

- 某乙的稱號：營養學教授／作家／講師／電視節目名嘴／廣播常態營養嘉賓／企業營養顧問／認證營養師

  當大家看到他的名片，會感到很敬佩，這真的是營養領域的專家，但是不是斜槓卻有待商榷。因為，其實他就是個營養學專長的博士，他可以靠營養學做任何事，但是難道每做一件事就掛一個新頭銜嗎？

- 某丙的稱號：資訊工程師／專案企畫／電腦銷售業務／保險銷售／健康食品銷售／日用品銷售

  乍看職銜不少，但知情的人會說，這個某丙就是在某家中小型企業上班，擔任的是銷售工程師，因為公司人少，一人身兼多職，所以他可以說自己是工程師、業務或是企畫都行，甚至也可以說自己懂財務、總務，反正都是領同一份薪水。至於什麼保險、健康食品和日用品銷售，根本就是業餘在做傳直銷，這樣也算斜槓嗎？

　　既然斜槓沒有明確的定義，其實上面甲、乙、丙三位也不能說他們不是斜槓。重點在於，這些斜槓頭銜對他們來說只是虛名，還是真的可以為自己的生涯加分？更重要的是，以今天為基準，放眼三、五年後，這些斜槓身分會不會讓他未來事業有跳躍式的提升？

你適合怎樣的斜槓人？

　　本書雖跟斜槓有關，但如同封面文案中所提到的「原子習慣」，我們關注的是建立正確的習慣，然後改善我們的人生。在本書作者群中，甚至有一位還用另類的觀點，覺得如果現在是上班族，且擁有很好的生涯規劃，那麼斜槓就只是做為一種生活的「選擇」，我們並不一定要被斜槓的「概念」甚或「義務」綁住。

　　所謂原子習慣，原子是構成你我的基礎，也是構成整個世界的基礎。原子，以物質世界角度來看是不變的，但原子本身又會服膺於物質世界的物理定律，也會和超物質世界的量子力學相關。放在本書裡，概念就是打造一個基本的生活態度與習慣，一件事若養成習慣，可以持之以恆，那麼就會為人生帶來正面的效用。

　　如何成為斜槓人？該不該成為斜槓人？成為斜槓人後可否再轉換？在怎樣的前提下應該轉換？關於這些種種的斜槓問題，在本書中都會找到相應的答案。

無論此時此刻的你，是新進上班族、資深上班族、企業中高階主管，還是自己有著事業，或者是大學生，乃至於家庭主婦，本書都有助於你做為重要參考，思考你的生涯或人生。

以斜槓的不同面向區分，全書分成四大篇：

1. 基礎思維篇：

本篇講述的重點，是斜槓人的重要基本入門觀念，在此邀請四位老師分別從四種角度的思維探討職涯。包括：

- 王俊凱：如何從大學開始規劃生涯，最終導引到更高的收入及職位境界。
- Anderson：如何透過資源整合，就算身為上班族，也可以形成斜槓力量。
- 小薇：結合自身專業，轉換過不同跑道，但都跟本職學能相關，後來如何突破新局。
- Joe：原本是軍職，卻可以在退伍重出社會後，逐步建立自己的一片天。

2. 生涯轉型篇：

植基於生涯成長中再突破的斜槓概念，特別適合上班族做為思考選項的參考。我們介紹的三位老師，本身也都曾經歷過上班族生涯，後來透過多樣的斜槓，開創不一樣的人生，有著更高的收入以及更圓滿的人生。包括：

- 喬王：來自頂尖金控集團體系的高階主管，他以金融的專長，逐步拓展出非常多元且成功的事業，最終離開年薪超過 150 萬元的公司，擁有全新的斜槓人生。
- Grace：擁有美麗的外表，人生一路也都經歷跟美麗相關的事業，是臺灣電商界的重要經理人，看她如何一次又一次的轉型，拓展更亮眼的生命。
- Kota：非常年輕的 AI 工程師，也一直思考著體制內及體制外的斜槓拓展意義，最終在打造出別具影響力的莫比烏斯概念社團後，也獨立創業有成。

3. 開創新局篇：

特別要介紹在專一項目很突出的斜槓人，他們可能一開始追求的是不被一般人看好的職涯選擇，但植基於心中的熱情，他們無怨無悔持續投入，並且結合斜槓精神，最後讓自己在熱愛的興趣領域發光發熱。包括：

- 阿元：臺灣花式走繩運動的創始人，同時也是在戶外運動領域傑出的企業家。
- April：從小熱愛跳舞，也設法在這個領域憑著專業以及熱情，真正開枝散葉成為斜槓舞蹈大師。
- Kevin：看似一路走來很不平順，總是狀況連連，卻可以從挫折中找出教訓，開創出很另類的斜槓模式，同時在尖端科技領域以及房地產理財領域都做得有聲有色。

4. 另類意境篇：

　　斜槓人生的願景是什麼呢？本書最後介紹幾個透過斜槓，完全改變人生，讓自己擁有幸福美麗生活的案例。包括：

- 陳建鼎：覺得身為上班族也不錯，只要快樂知足就好，同時也已經為未來打下無後顧之憂的斜槓規劃，他並且以命理的角度，分析斜槓人生這件事。

- Hebe：因為掌握時勢找到貴人，在正確時間做出正確判斷，很短時間內翻轉人生，四十歲前就已財富無虞的美麗企業家。

- John：出書這年才三十出頭，卻已擁有多樣事業，他早在二十幾歲就已資產上億元，現在更是能把資源圓滿斜槓應用，在創業過程中也幫助他人。

　　以上就是本書的十三位斜槓達人，結合他們要分享的原子習慣。我們鼓舞大家學習，也許 A 的成功模式不適用在 B，也許比起 C 的職涯歷程，你更適合跟 D 學習。

　　無論是哪種模式、哪種職涯，重要的是我們要以宏觀的視野，多看看不同人的成功方式。由於本書分享的作者群都不是名人或大企業家，也因此，他們的分享不會遙不可及，更適合你我的學習。

　　讓我們一起建立更多更好的原子習慣，若有進一步的諮詢需求，在每章後面都附有聯絡資訊，方便更進階的交流。

目次

PART1 斜槓人基礎思維篇

PART2 斜槓人生涯轉型篇

PART1
斜槓人基礎思維篇

本篇講述的重點，是斜槓人的重要基本入門觀念，
在此邀請四位老師分別從四種角度的思維探討職涯。

Anderson
透過資源整合，身為上班族也可以形成斜槓力量。

王俊凱
從大學開始規劃生涯，導引到更高的收入及職位境界。

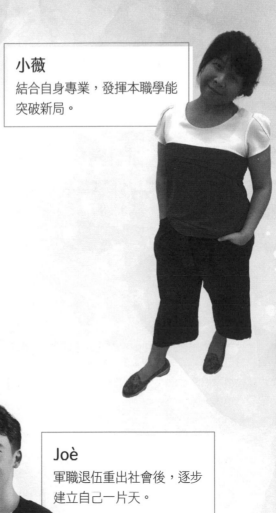

小薇

結合自身專業，發揮本職學能
突破新局。

Joè

軍職退伍重出社會後，逐步
建立自己一片天。

每次跨界一點點,你會變成更高竿的達人

/ 原子議題 / 若一個人本科專業和社會趨勢沒有關聯,該怎麼辦?

/ 關鍵思維 / 我們學到看到的任何事不是沒有意義,在未來某個時間點都會發酵。

數位學生專家 / 王俊凱

斜槓核心:廣化學習與深化學習

斜槓身分:

數位轉型顧問／環境工程顧問／敏捷專案管理顧問／資深 AI 規劃師／資訊分析達人／雲端科技、區塊鏈、虛擬 AR、VR、MR、金融科技等技術應用專家

我的職涯特色:

每一次的躍升,都植基於上一個工作打下的根基,掌握住每一次來到新職場的學習與契機,就可以朝下一個境界步步躍升。

人生的機會在哪裡？
我們經常會發現，
機會往往存在「當下」，
需要你先站在「這裡」，才能連接到「那裡」。
就好比一個人不可能處在內陸就可以抓到魚，
他一定是先來到岸邊，
在岸邊走逛時，因緣際會發現一艘船，
乘船出海後，接著因緣際會碰到魚群，
追捕魚群時，又因緣際會發現一個海底寶藏。
本來只想捕魚，後來卻發現更大的財富。
一環銜接一環，中間缺了任何一環，
都不會引領到最終的結果。

▍如果一開始錯過了，人生怎麼辦？

許多時候，人生無法盡如人意。好比說，你可能興匆匆的趕到大賣場想購買某款特惠商品，結果到達時卻發現商品早已被搶購一空。但與其失望的回家，不如改變思維。

第一，既來之則安之，就順便在賣場逛逛吧！可能因此有新的發現，例如發現一款之前沒注意到的新產品，甚至可能買回家使用後，發現這款新產品其實更適合自己。

第二，就算仍然很喜歡原本想買的商品，現在買不到，也許跟賣場人員聊聊，他們會告訴你，下星期會有另一波更特惠的價格喔！

生活如此，生涯也是如此。我們原先設定好一個目標，後來人生的發展卻無法如此順利，沒關係，也許轉個彎或等一等，最終目標不但可以達到，甚至結果還有可能更好。

我對 AI 領域很有興趣，如今也在這個產業做出一定的成績。然而我的生涯成長過程，其實也是幾經「轉彎」才達到現在的位置。

大學本科系學的是環境工程的我，後來如何轉換到現在的 AI 領域呢？

當碰到所學本科與想從事的職業不同時，許多人的做法可能是：文憑歸文憑，大學畢業後自己投入不同領域的工作，但這會導致「學非所用」的遺憾。

　　也許有人要問，早知如此，為何不一開始就選擇想讀的科系呢？答案有三種：第一種是他想讀那個科系，但實力不夠或考運不佳，考不上那個系所；第二種是因為年紀尚輕，十六、七歲的青少年還未能確認自己的人生方向，這種情況很普遍；第三種則是原本以為找到想讀的科系，但後來才發現選錯了。

　　我的情況是結合第一種跟第三種，我的第一志願是想讀資訊領域相關科系，但聯考時沒能考上。而以當時的社會發展來看，環境工程也不錯，所以我選擇了環境工程系，但直到大三才發現情況不對勁，大環境趨勢不利於我，那可真的很糟糕。此時若要轉系已經太晚了，但若照著原路走，又會覺得前景堪憂。

　　如果一開始的起點錯了，後來該如何轉彎，走往自己想要的方向呢？

▎南北資訊落差的警訊

　　我出身於一個平凡的家庭，爸媽的觀念都比較傳統，家中教育也是要求孩子乖乖的讀書，反正都配合家長吩咐。我從小學到高中，成長環境都在住家附近，除了學校活動或畢業旅行，很少離家太遠，直到考上大學後，才遠赴彰化念書。

　　這樣的我，遵循傳統的思維方式，包括未來職涯選擇也是依照一般世俗的觀點。當年臺灣處在經濟起飛的階段，各個產業欣欣向榮，各縣市的企業、工廠都蓬勃營運發展，而我因為

沒能如願考上資訊相關科系，因而改選擇和這樣的社會背景相關的科系。

我讀的是環工系，當年的環保意識已經逐漸抬頭，許多工廠都需要這方面的專業，包含廢棄物清理、廢水處理、空氣污染防制以及辦公場域的衛生等等，我覺得在當時選擇這個科系，畢業後應該不愁沒有出路。

然而隨著時間的推移，我逐漸發現這個想法正面臨考驗，起初在大二時就有些隱憂，但直到大三才真正驚覺不妙，整個大環境已經變得不一樣了。

二〇〇〇年前後，臺灣許多的工廠大量外移，廠商們一個個西進大陸成為臺商，或者往東南亞前進。我一邊讀書一邊憂心忡忡，當未來的準老闆們都一個個離開臺灣，我畢業後還找得到「老闆」嗎？

說起來，也因為另一件事刺激了我的危機意識，否則我可能還會繼續當個按部就班的乖乖牌。總之，我從大二起就日夜思慮著未來出路該怎麼辦？就在那時候，影響我很大的一件事，就是《富爸爸，窮爸爸》一書帶來的警訊。

我所說的影響，不是指這本書的內容所帶來的直接思維影響。的確，這本書帶給我許多觀念上的啟發，但我所說的警訊是，大二那年寒假結束，當我從臺北帶著這本書回學校，同學們看到我在讀這本書，竟然笑著跟我說：「阿凱，你要結婚了喔！現在就在看怎麼當爸爸的書？」

這件事對我的衝擊則是，原來在臺灣的城鄉資訊落差那麼大。在臺北，這本書當時非常火紅，討論度超高；但在純樸的彰化，學校裡根本沒有人在討論這本書，每個人都過著日復一日的平淡生活。

也因為這樣的衝擊，讓我有了自我警惕，覺得如果自己不積極去拓展學習，久而久之，我也會跟著觀念落伍而不自知。因此從那時候開始，我就由乖乖牌的學生，變成積極努力突破自我的系學會會長。

▎從乖乖牌變成積極活絡的人

我認為資訊的取得很重要，越是能抓準時代脈動的人，越能找到好的人生發展。這裡所說的資訊，一方面指各種社會訊息情資，另一方面則是指資訊科技。

我很早就對資訊這門學問有興趣了，在臺灣還是「雅虎」網站獨大、網路資訊相對不流通的年代，當時還是高中生的我，就已經在自學這方面的知識。那時經由親戚的教導，學會了如何 DIY 組裝電腦，也透過傳統數據機，連結網路聊天室之類的平臺，我的 HTML 語法便是這樣學會的。

雖然我一心想朝資訊領域發展，無奈事與願違，大學聯考沒有考好，只好退而求其次，選擇了環工系，不過在內心裡，我依然想找機會進修這方面的知識。

就是那麼湊巧，在我升大四的那一年，系上新聘的老師就

有資訊背景，並且在系上開設了相關的課程。在那時還不是採用 AI 這個詞彙，也不時興「人工智慧」這樣的名稱，而是稱之為「類神經網路」，終於我可以一邊讀環工課程，一邊也和資訊專業做了某種程度的對接。

而在大二那年，受到「富爸爸窮爸爸」事件刺激的我，也啟動了在校園裡活絡的時期，我積極參與各類社團活動，並在大三那年選上系學會會長。然而我彷彿嫌自己不夠忙似的，還跟外系夥伴創立了新的社團，叫做「雲野社」。這個名字聽起來很有意境，但其實就是個「找朋友到處玩」的社團，「雲野」二字就是意取「閒雲野鶴」的意思。

忙碌的背後，就只是想要拓展眼界，藉由跟不同背景的人活動聯誼，帶領團隊安排行程設計活動，一邊上山下海的玩樂，一邊探訪民俗史蹟，努力讓自己不要成為一個「資訊落伍」的人。

除了參加社團之外，另一個增進社會體驗的方式就是「打工」，每逢寒、暑假，我都會主動去找尋各種打工兼職的機會。例如在年節時候，我都會去市場幫忙同學家賣雜貨，也曾在熟食店、餐廳等地方工作。大四那年，因為前三年積極的修課，必修學分相對較少，我每個星期有大半時間都是在臺南親戚家的漆彈槍工廠打工。

人生是很奇妙的，事後證明，每件事的發生或多或少都跟未來的人生發展有連結，例如漆彈槍工廠的資歷，就有助於我

後來顧問事業的發展。

　　總之，在彰化就讀環工的我，當時就這樣讓自己透過多方嘗試學習，保持在「資訊活絡」的狀態。

如何從「部分關聯」轉換到「全關聯」？

　　後來我又是怎麼從環境工程轉戰到 AI 領域的呢？

　　我是先從「部分關聯」開始，最後慢慢做到「全關聯」。意思就是，我先找一個主力是環工但跟 AI 有些關聯的事情，之後再逐步切入到 AI 為主、環工為輔的工作，最終才是完全踏入 AI 領域的工作。

　　這也是我給讀者的建議，畢竟我們在大學四年所學，打下了深厚的基礎，是關於本科系的領域，這些學習若是輕易拋開，那就太可惜了。但我們畢業後，可以不必急於去找自己很想去的產業，只要能有部分和該產業相關就好，之後再逐漸轉型，這是最好的選擇。

　　我們喜歡的產業領域，並不代表是我們真正了解的領域，如果貿然直接投入，後來才發現自己在技術上有障礙，到時候被卡在進退不得的窘境中，反倒會更為尷尬。

　　以我本身來說，我雖然當時嚮往著 AI 相關的工作，可是非本科出身、只靠自學為主的我，真正能勝任 AI 相關的職位嗎？這個部分的確是有待商榷的。

　　相反的，我在環工的領域，由於經過了四年的培訓，基本

資歷是足夠的，所以大學一畢業後，我就投入了相關的產業。

說起來，這也跟我大學時期活躍於社團活動有關，曾經擔任過系學會會長的我，有機會認識許多本科系優秀的學長姐，也就是這樣，這些學長姐後來都對我的生涯發展有正面的助益。

我在大四的時候，當時已經畢業的上屆系學會會長，就引薦了我一份新的工作機會，讓我在畢業後可以無縫接軌，直接前往新公司報到。

那時雖然臺灣有許多工廠已經外移，但有個單位一定不會外移，那就是我們的公務部門。上屆會長推薦我的，就是一家專門執行政府環保單位發包專案的環境工程顧問公司。

這是我生涯的第一個踏腳點，這是一家完全以環境工程為主力，完全不牽涉到資訊系統開發這類的工作。後來影響我轉換跑道的不是這家公司，而是我面對的客戶，也就是公部門的環保單位。

藉由長期幫公部門做事，逐漸了解環保單位推廣的各類專案後，當我發現有某個專案跟資訊有關，那麼，我第一次轉型的機會就到來了。

這一回，藉由公部門的承辦長官推薦，我轉跳到一家「環保為主，但帶有資訊相關屬性」的公司。

▌轉換跑道前應具備的心態

任何一個人在職場上，一定能找到一個可以為自己「加成」的特色，重點在於你是否善用那個特色。

舉例來說，有三位同樣是會計系出身的女孩，剛畢業就一起去了同一間腳踏車零件工廠上班。

甲會計認真於自己的本業，把會計本分做得不錯，但是只要向她詢問腳踏車相關的事情，她總是雙手一攤，說那不是她負責的領域，甚至跟親友聚會時，有人要請她推薦適合登山用的腳踏車，她也是一問三不知。

乙會計則主動去接觸腳踏車零件的相關知識，並且在有機會轉換跑道時，也懂得在資歷上寫著自己了解腳踏車零件這方面的學問，結果她因此轉換到國際知名品牌的腳踏車企業集團上班，領取更高的薪資待遇。

而丙會計的發展更特別，她不但接觸了腳踏車零件相關知識，更在盤點庫存中逐漸發現到了一絲商機，後來她和朋友合夥創業，成了原本公司的合作廠商，在網路上銷售腳踏車零件，並且做得有聲有色。

二十年後，丙會計是個事業有成的女企業家，乙會計則在腳踏車集團擔任財務經理，至於那位甲會計，則因為腳踏車工廠外移而被資遣，面臨中年失業的狀況。

所以，「加成」很重要，我建議，不論我們去到什麼產

業、什麼公司服務，都要把握可以接觸到新商品、新資訊的機會，多學一點，就是幫自己的履歷加分。就算未來跟自己的生涯無關，至少多學會一種資訊，跟別人談話就有更多的可能性，這也是一件好事。

我在職場上曾經轉換過幾次跑道，但每份工作都秉持著「每到一個地方絕對不要船過水無痕，一定要學到新東西」的心態，所以我每年都一定比前一年的自己進步，而且是雙重進步，亦即我本科領域進步，在其它新領域學習也得到進步。

以一個職場上很現實的角度來看，過往以來，我大約每兩、三年就換一次工作，這樣的履歷遞出去，絕對會被面試官質疑，為何轉職率那麼高？即便如此，我每一次的轉職依然很平順，原因無它，靠的就是學習多項專業。

過往離職的原因，我都誠實以告，不論是發展到一個瓶頸難以再向上突破，或者是遇到公司內部的人事紛爭，我就是擁有足夠的能力，可以為公司實際處理當下遭遇的問題。

任何公司聘請員工，就重要的就是找到當下有能力可以做事的人，至於兩年、三年後的發展，誰又能預料呢？

就是這樣靠著能力導向，當我在人生不同階段想要轉換的時候，都能靠著能力提升順暢的轉換。最終，也轉換到了跟AI 全然相關的職場。

▌能者多勞，做個多工斜槓人

透過不斷的積極進取，以及汲取不同公司的「加成」經歷，我總是將前一份工作的經驗，真正落實到自己的能力上。例如，從前的我雖然對 AI 有興趣，但畢竟從來沒有這方面的實戰經歷，後來經過不同的工作歷練，我才慢慢有了這方面的實力。

這其實也是一種斜槓累積的過程，假定你的本科是 A 領域，後來去企業上班接觸到 B 領域或者 C 技能，新的斜槓往往就此誕生。在此強調的不僅僅是轉換產業領域，也包括很多職場技能。

例如最有機會學習到的，包括跟客戶簡報、如何上臺演說、如何製作一份專業提案報告書……等等。我自己也是經過這樣歷練，後來不僅僅會資訊分析、系統設計規劃，我也會寫企畫專案，以及學習相當的業務交談技巧。

例如我曾服務的一家公司，是某個民間環保顧問公司，我們公司的案源是透過政府發包的計畫，但政府並不會指定發包給我們，案子必須靠我們自己爭取，爭取靠的是企畫提案，因此，參與標案或爭取各類環保補助等等各種企畫書，我到後來都寫得駕輕就熟。

也就是說，計畫提案人是我，寫企畫案的人是我，甚至有時候上臺簡報的人也是我，最終取得標案，或者案子審核通

過，要執行任務（也就是系統設計規劃）的人也是我。乃至於
系統完成，落實到實際操作應用，好比說某個新的網路服務功
能，或新的政策方式要推出了，必須要全省宣傳輔導時，我的
身分又轉換為宣導員，要去各單位扮演講導師的角色。

　　所謂能者多勞，你問我辛苦嗎？當然辛苦，但學習到的經
驗也成了我成長的養分，可以伴隨我一輩子。

　　我的提案紀錄，曾經一年內就幫公司爭取到三千多萬元的
案子，試想，有這樣的資歷，當然許多公司都會歡迎我這種十
項全能的高手。

　　對我來說，斜槓就是一個人可以有著「跨領域」的價值。
其實環境工程本身就很「斜槓」，所謂環境領域包含的範圍很
廣，包括一個人日常生活中或接觸到的空氣、水、土壤、廢棄
物等等，都屬於環境領域。從事這一行的人，可以讓自己終身
只專注在某一個領域，例如只懂廢水處理，但我選擇的是盡
量讓自己斜槓，因此幾年下來，我藉由不同的環境顧問公司經
歷，最終讓我不管對於空氣、水、廢棄物等每個項目都有涉
獵，也都有實際經驗。

　　這樣的我，有機會協助公部門環保單位進行系統開發規
劃，也才更能融會貫通，寫出來的東西既符合長官需要，未來
也可以嘉惠普羅大眾。直到今天，大家若有機會去點選任何環
保署網站上的應用服務，很多功能背後的功臣，可能就有我的
一份力在其中。

　　如果說環保工程諸多項目本身就很斜槓，我跨足到 AI 領域以及管理和企畫領域，那就真的是不折不扣的斜槓了。

從「廣化」到「深化」

　　追溯我的積極成長史，我那顆或許被認為是容易驛動的心，根源就是大學時期的「富爸爸窮爸爸」資訊落差警訊，十幾二十年來，我總是讓自己成為一個站在資訊尖端的人，包括我現在從事行業所接觸到的，絕對是全世界頂尖的 AI 科技趨勢。

　　其實我也不是喜愛一天到晚異動的人，我的異動多半發生在生涯「卡關」，覺得自己成長受限的時候。但如果後來找到一個可以任我盡情發揮、並且已經站在發展的頂尖領域，也就是我再跳槽去其他地方都不會比現在更先進的時候，我也會站在這樣的立足點，朝「深化」的方向發展。

　　所謂「廣化」與「深化」，我對讀者的建議，趁年輕（以 35 歲為界）時，我鼓勵要多多加強「廣化」領域，或者也可以融入現代流行的術語「斜槓」概念。

　　廣化，就是讓自己朝橫的方向，讓自己以本科系或核心專業為中心點，往外盡量拓展不同領域的學習。廣化的好處是，可以讓一個人趁年輕時累積更多專長，並據以讓自己越來越「不可取代」。

　　在現實的競爭社會裡，當一個人說他懂這個程式、懂那個

程式，也懂其他資訊應用的人，錄取新工作的機會，絕對會是另一個號稱「只專精某程式」的競爭者的好幾倍。

但我也認為，人生到了一個階段後，要開始把重心放在「深化」上。這裡的「深化」，指的是對某一個能力相當專業，甚至可以被視為專家，但也不排斥他有機會還是要培養「廣化」的領域。

「深化」的能力很重要，畢竟當我們面對一個三十幾歲的年輕人，可能會問他有哪些領域的經歷，但如果面對的是四、五十歲的中年人，那就一定會視對方為「資深專家」。要身為一個專家，自然非得有「深化」的能力不可，因此在職場工作了五年後，我也重新進入學校攻讀碩士。

我的職涯前期分為兩大階段，第一階段，我轉換過不同跑道，也歷練過許多環保單位專案，算是個既懂環境工程也已經有相當資訊實力的人才。

以此為基礎，進入第二階段，就由主力的資訊從事更深入的 AI 領域了。這部分我曾在知名品牌資訊系統公司服務，我的專業從規劃電腦系統到規劃手機 APP 與推廣，身分也從基層工程師變成帶領團隊的專案經理，進而到現在帶領團隊往國際發展。

在投入資訊專業後，我也持續著「廣化」能力與「深化」領域，我處理過行動電子錢包的開發，了解行動支付背後的金融機制，我也擁有專案管理相關的國際證照，例如 PMP、

ACP 認證等。之後還接觸了資訊安全領域，最終也跨足到各類最先進的資訊科技，包含區塊鏈、各類大數據分析、AI，以及 AR、VR、MR 各類的科技應用。

　　如今的我，更專注在「深化」能力，簡言之，我就是資訊 AI 領域的專家。

　　終於，當年本來因為所讀並非第一志願科系的我，在幾經轉彎後，現在回歸到我最愛的領域，真正擁抱資訊 AI 的魅力。

// 王俊凱的斜槓指引 //

現在的我，從事的是資訊顧問的工作，所謂資訊顧問的範圍很廣，大到國家層級的專案，例如中東國家也可委請我們的團隊協助建置智慧城市。小規模的方案，則適用在各個產業，好比說一家咖啡廳，也可以透過我們的輔導，讓自己結合資訊 AI 科技，做整體服務的升級與營收增加。

而我在資訊 AI 科技領域目前做到更深入，已算是國內最接地氣的數位轉型／數位孿生專家。

最後，我要總結我給予讀者的兩個原子習慣建議：

1. 站在基礎點上廣化學習領域

也就是鼓勵大家努力學習，要懂得站在自己專長的領域上，往外拓展新的學習，即便每次只多學習到「一點點」，只要有心，假以時日，原本的「一點點」終究會發展你的另一門專業。

2. 有機會的話，做到跨界學習

這裡鼓勵讀者可以接觸跟自己不一樣的領域，也就是大家常說的「要踏出舒適圈」，不要只在自己熟悉的環境工作。例如，本身學會計的，可以試著接觸企畫；

本身學工程的人，可以試著學習業務簡報。這樣的學習，先不要抱著「是否實用」的角度，因為人生事難預料，今天你學到的東西，搞不好哪天就派上用場。

學習真的很重要，並且不要給自己設限，像學生時期在漆彈槍工廠打工，那時學到的電鍍知識，後來就對我有幫助，例如我現在輔導的廠商就有傳統機電產業，了解電鍍知識的我，和廠商更容易溝通。

技術學不完，知識學不完。
永遠讓自己當個斜槓人，職涯上你就永遠受歡迎。

──── 作者個人連結 ────

https://www.linkedin.com/in/ 俊凱 - 王 -39999a163/

成功不僅僅靠實力，還要做到資源整合

/ **原子議題** / 如何突破人與人、人與事之間的障礙，為自己開創多元收入及穩固未來？

/ **關鍵思維** / 永遠要懂得居安思危，厚實自己實力以及擁有豐富資源。

斜槓龍多元項目整合召集人 /Anderson

斜槓核心：專案管理及資源整合
斜槓身分：
軟體工程師／資訊系統開發專案經理／資訊系統整合顧問／房屋投資／連鎖美食投資股東／共享汽車及共享空間投資股東與系統開發顧問

那時我在全臺灣幸福指數最高的地方當主管，
當時是最大的入口網站，
薪資優渥、福利好，並且看起來充滿榮景。
沒料到一場席捲全球的金融風暴，
帶給整個科技產業哀鴻遍野的無薪假風潮，
我則是連無薪假都沒有，公司組織縮編，我當下就失業了。

如果連原本看來最前途無量的地方，
後來都害我差點前途無亮，
那麼職場對人生的定位，
就真的得細細思量了。
生活不能只依賴著任何的企業保障，
真正的保障必須由自己來開創。

就在那年，我確定我必須非常斜槓，
發揮我的資源整合的專長，
為自己和家人的未來，
奠定真正長遠的基礎。

▋職場人的心聲

我的專長是資源整合，長期以來也擔任這方面的工作，但實際上我的本性比較喜歡樸實安穩的人際互動，有著典型金牛座的溫和內斂，不愛那種職場上的客套社交。

如果可能，我只希望跟可以交心、相處模式熟悉的好友群共處。在那樣的時候，我會是這群朋友中的溫暖核心，我會熱情活潑，跟團隊不論是遊戲也好、打球也好，或者全力趕一個專案也好，交流沒有隔閡的，大家一起成就那件事。

這樣的我，過往大部分時候的資源整合，比較是屬於專業領域裡「事」的整合。具體來說，我常態擔任的是專案經理這類的職務，協調團隊裡不同分工底下每個人的進度，以目標導向督促及協調，讓程式撰寫及系統導入可以順暢運作。

至於對「人」的整合，可能不是我那麼熱愛的事情。

這是我到三十五歲前都保有的想法，但這個世界不停運轉，不時會冒出黑天鵝，為了在競爭及詭變的世局中找出生存之路，最終我突破自己內心的框架，努力朝多元的資源整合之路前進。

說起每個人的社會生存之道，最佳的狀況是適才適性，那樣整個世界就可以任你遨遊，有著如魚得水般的快樂。但是又有多少人能達到這樣的境界？根據我長期社會觀察的結論，大部分時候，大家經常得壓抑住自己的興趣或者個性，這是職場

中與人相處的不得不然。

　　舉個極端的例子，個性再怎麼衝動易怒的人，如果是擔任餐廳或便利商店老闆，也不得不讓自己變得穩重，就算碰到奧客，也絕不輕易和對方硬碰硬，因為社會的現實是，一旦被 PO 上網路，不管誰是誰非，自家的店肯定落入負評。

　　在許多公司行號裡也是如此，明明平常會告訴自己，做人要真誠、不要虛偽，但是在現實生活中誰又能真正做得到？上班依然要戴著假面具，必須在同事聚會中，一邊聽不好笑的笑話，一邊笑得很開懷。

　　跟上司討論事情時必須畢恭畢敬，就算覺得對方提的意見讓你懷疑他是不是草包，你也不能表現出一絲一毫的質疑。畢竟，如果人人都照著自己的「本性」，大概三天兩頭就得轉換工作，哪有辦法養家活口？

　　追求自由自在的人生，這是浪漫的境界，然而真正的職場是非常現實的。這不僅僅是我的心聲，相信也是許許多多職場人的心聲。

▍追求自我與社會化之間的掙扎

　　從小我就是很愛思考的人，有時候，還會被認為年輕的外表下，有個過於早熟的心靈。學生時期我就經常在想著，如何在追求全然自我發展以及完美融入社會化這兩個極端間取得平衡。

　　之所以會讓我的個性比較早熟，跟我的成長背景有關。我出生在一個大家族，這裡不是指我家是什麼地方權貴或百年世家那類的，說我出生於大家族，純粹就是以「人口」數來看，我的父母都來自臺東，我也是在臺東出生，後來才舉家搬遷到西部，住在高雄。

　　在臺東，包含我的父系以及母系族譜，都是開枝散葉型的，讓我往上往下都是牽不盡的親戚連結。例如我母親是我外婆的第十二個孩子，長子和么女間相差超過二十歲，她甚至跟她大姊的孩子是同班同學。

　　而我父親那邊也一樣是家族發展興旺，他是家中七個孩子中的老大。總之，每次當我參加家族婚喪喜慶、回美濃客家庄掃墓，或者寒暑假及過年過節回老家時，總是處在上百人的親族關係中。

　　重點中的重點，我父親是爺爺家的長子，我又是我們家的長子，因此在父系為主的中國人家庭中，我的身分自然有些不同，我必須擔任所有孩子們的「表率」，很多事情我都必須承擔與表現優良，以符合家族傳承中長孫應盡的責任。也因此我從小就被訓練成必須懂禮節、必須懂得應對進退，總之，必須成熟穩健。

　　但內心裡，我是很多聲音在彼此對話的。小時候常想，若我不是男生、我不是長孫，功課壓力會不會少一點？求學時可以不一定都要名列前茅？我可以只單純的玩耍、畫畫或是去打

球嗎？我更在想，這個世界上是否每個人都必須戴著面具過日子？是否每個人都必須在社會化的框架下，花很多時間做自己本來不那麼想做的事？

　　我是個數理很好、邏輯思維非常強的人，這樣的我，感性與理性兼具。會想著人與人相處為何要這樣？背後的機制是什麼？真正的我喜歡跳脫各類框架，小時候我最大的興趣專長是畫畫，並且是那種參加各類比賽獲獎無數的孩子。在畫畫的世界裡，我可以無拘無束、天馬行空，對比於現實生活，則無疑是一種困頓。

　　敏感的我也會想著，如果人生一直如此，所以才有宗教說「人生是苦」嗎？

　　這樣的思維持續很久，乃至於到了我年近三十並且成家立業時，當我看到有人自殺，心中也會有著惋惜和震撼。例如2014年，知名的喜劇巨星羅賓威廉斯竟然輕生身亡，也讓我心痛著，他是否長年來都過著「人前歡樂，人後孤獨無助」的生活？

　　整個看來，我就是個有著典型金牛座沉默寡言或者被稱為「想太多」的性格。這樣的我，後來是如何成為斜槓者，並且還是跟「人」有密切相關的斜槓群組召集人呢？

　　我本身的故事，也算是突破個性窠臼、挑戰另一種舒適圈的案例。

▎選擇心目中、理想中的科系？

不論心中是否有困惑，大家面對生活的第一要務，就是「解決眼前吃飯生存的問題」。許多人也是這樣子，一生為生計勞碌奔波，忙到不用去想那些很哲學的人生道理，或許這樣子不要想太多也不錯。

學生時期，我的第一要務就是成功畢業，取得學位，然後下一階段再來煩惱如何找工作。但是自從大學聯考，在那個年代，是自己填寫志願與科系的時候，我竟然沒有考上任何一間學校，在當時仍有所謂的升學窄門，大專院校錄取率不到50％，我甚至連夜間部都無法讀，因為大學聯考之後我太過自信，根本沒有準備要填夜間部的科系。

隔年重考再進入大學後，那時我採取的策略是先進入大學體系，再設法轉系，後來也轉系成功了，只不過不是當時我的第一志願（建築系），而是第二志願（資工系），所幸那也算我喜歡的科系。

從小愛畫畫的我，對於畫圖很有天分，直到現在我都還是很擅長信手拈來就畫出漫畫，或是 3D 透視圖等精密的設計藍圖，這樣的我若去當建築師覺得也不錯，可以結合興趣、專長與職業。

但後來我才知道，建築系其實是很排他的，我這工業學院的人根本不受建築學院歡迎，不論成績如何都不會被錄取。我

後來轉到資工系，以結果來看，這個選擇更符合社會需求，畢竟那個年代電腦網路已經興起，所以學資訊相關領域的人，在就業市場上是很吃香的。

對我來說，我會選擇就讀資工系，除了基於未來市場需求，也因為我的另一個專長興趣就是寫程式。

說起寫程式，現代我們每每聽到有人愛寫程式，甚至還會廢寢忘食的整天窩在電腦前，大家都覺得這沒什麼奇怪的，21 世紀的的現在，身邊到處都有科技宅。

但是在我學生時期時，這卻是很罕見的事，因為我早在國中時就已經會寫程式，那個年代的電腦 CPU 才發展到80386，甚至連 Yahoo!、Google 都還未問世呢！然而當時我已經可以自己在家寫出遊戲了。

原本我也是跟其他孩子一般，小時候會沉迷於當年的遊戲機臺（任天堂紅白機），但不同的是，我的小小腦袋竟然想要自己創造遊戲出來玩，恰好那時有個電腦研習夏令營，傳授簡單的 BASIC 指令，開啟了我的另一個世界。

總之，我十幾歲就自己寫出一個賽馬遊戲，並且玩得不亦樂乎。這樣的我後來念資工，也算是結合志趣，因而造就了我往後的職涯。

▌關於認真與否的體悟

大一升大二那年，我順利的轉到日間部念資工系。那年還有一件事要特別提的，就是關於專注力的重要。以整個大學四年來說，我的成績不算頂尖，甚至每學期都在為了不讓自己二一死當退學而掙扎。而在大一那年，因為一入學我就立志要轉系，所以從開學第一天起就很認真的讀書。

其實我沒有特別留意自己在班上的成績及名次，只知道想轉系就必須認真讀書，結果當我大一下學期準備領取轉系申請書時，被告知必須學年成績在班上前五名才能申請，我當時擔憂的趕快去系辦查成績，那時才知道我竟然是全班第一名，這太讓我吃驚了。

有了這個經驗後，也讓我日後進入職場時，相信自己有能力可以把事情做到最好，關鍵就在於你認不認真。

大學時期，我順利進入資工系，從此開始成為資訊領域科班生後，功課就不再是我的重心。我當年還挺活躍的，我不但是系學會幹部，也是慢壘隊的創隊隊長，同時我還加入漫畫社，並積極參與各類學校活動，那是我最熱情奔放、非常快樂的一段時光。

畢竟學生時期的人際關係相對單純，那樣的我，就真的和團隊密切結合。那樣的我，自始至終也相信各種純真的人生哲學，例如「只要努力就有收穫」、「用心就肯定會有回報」這

類的道理。

　　當然，並不是説這些道理不對，只是應該説，現實社會並不是那麼單純的二分法：努力其實不一定會有收穫，不努力也不一定不會有收穫。關鍵就在於「不一定」這三個字，也就是説，可能有很高的比例，人生是付出就有收穫，但中間有種種的變數，會影響結果。

　　我是後來才體悟到，如果要讓好的結果誕生，重點在於誰善於「整合資源」，不過學生時期及剛入社會的我還沒體悟到這些，所以就一邊摸索一邊成長著，開始一段又一段的職場歷練。

▎怎樣的人才能在市場生存？

　　回顧起來，我的職場歷練算滿精彩的，翻開我的履歷，放眼都是還不錯的公司。我待過包含雅虎奇摩、資拓宏宇、時間軸（遠傳電信）、聯合報、舉手電商（17 直播）……等企業，每一個企業都是業界頂尖、資金雄厚，且擁有高度媒體曝光率的公司。這些企業給我的歷練與磨練，也都為我的求職生涯加分不少。

　　但這裡要列述這些事，並不是自我炫耀，而是要強調一件事：如果連我這樣站在趨勢尖端、擁有市場需要的科技技能，且歷練豐富的人，到頭來都仍得擔心長期的生計保障，那麼，在公司規模以及職場上的定位並不像我這般「較具備無可替代

性」的人，是不是應該更要有憂患意識？

　　所謂意外，自然就是難以預料的事，例如 2020 年的新冠肺炎，還有更早些年代，包含 2003 年的 SARS 以及 2008 年的雷曼兄弟金融風暴等，一股暴風襲來，連前一年還財報穩健的公司都可能應聲而倒。

　　更何況市場上的風險狀況不只這些，還有針對不同行業的危機，有的是技術被取代變成夕陽產業，有的則是因應世界產業分工鏈趨勢，讓老闆決定轉換戰場整廠遷移。每個變動或許有些預兆，但往往身處在企業基層且平日不特別關心時事的人，會是事到臨頭才發現自己是突然「被失業」的人。

　　或許讀者要問，面對這個詭譎多變的世界，年輕人該如何自處呢？我的答案是，就算是你有預知能力，知道某家企業可能兩年後會資遣你，你衡量結果也許可能還是必須去上班。為什麼？原因很簡單，如果一個人沒有本事，那麼去到哪裡上班都一樣無法穩固。

　　所以重點就是：**既然我們無法改變可能發生的意外，當意外發生時也無法逃離，那麼現在唯一可做的事，就是加強自己的實力，當你的實力強大到任何意外來臨時都不會感到害怕時，那才是王道。**

　　只不過強大有兩種，一種是實力堅強，好比說一個人若是碩果僅存的紙藝雕花窗大師，他相較之下就不用擔心生計。但**實力堅強依然比不上資源堅強**，這也是我在本文分享要強調

的，也是我後來創立斜槓平臺的原因，也就是説，就算實力堅強，依然可能被大趨勢所打倒。例如紙藝大師，可能面臨市場上完全不需要紙藝雕花窗，那就真的英雄無用武之地了。

在分享我如何創建斜槓平臺前，先來簡述一下我是如何累積實力的。

▌職場初步經歷

趨勢背景很重要，以我來説，當年畢業進入社會時，雖然擁有當時最夯的資訊專業，但是工作其實也並不是那麼好找，那是因為我擅長的領域，並無法和當時的社會局勢對接。

我畢業那一年，不巧碰到近代電腦發展史上第一次的網路泡沫，一大堆「.com」概念的企業陣亡，甚至那時大家還傳著「網站無用論」，原因也在於當時的網路搜尋、網路資安以及商業獲利模式尚未被建立起來，而偏偏我的主專長項目就是偏向網路程式，這讓我謀職時遇到了小小的阻礙。

那時社會上最需要的資訊技能，主要是偏向機電類、晶圓設計類，事實上，直到今天也依然如此，像是台積電、聯電等國際知名大企業，都是要找那個方面的人才，所以那時我找工作也經歷了挑戰。由於我家住在高雄，為了應徵竹科的工作，在沒有被通知錄取的情況下，自己跑去新竹那家公司門口按電鈴，毛遂自薦想要為對方效勞。

還好我這個人有實力，如果沒有機會面試就算了，一旦可

以面試提出我的作品，我的錄取機會就會大增，這也是我要跟讀者非常強調「實力」很重要的原因。

我那時雖然才剛畢業，尚未有工作資歷，但是我可以拿出來的亮眼成績，就是當年做畢業報告時，我們的提案是「虛擬駕駛」，那時我已經可以結合 VR（虛擬實境）概念，做出很棒的企畫。而且我的繪畫專長也在這裡得到了很大的發揮，我用電腦繪圖製作出一個讓人看了很驚豔的駕訓場，光是那張圖就足以讓任何企業想要聘用我。相信直到今天，看到那張圖並且有實力畫出那張圖的人也不多見。

總之，我就這樣進入職場，必須說明的是，我就算在尚未找到工作前，也不會濫選工作，我有一個基本標準，因為我心中很清楚，工作不單單是讓自己有口飯吃，而是必須攸關自己長遠的人生。

我很高興後來聘用我的企業是很有慧眼的公司，會這樣說，是因為我應徵時的測驗成績並不算太好，考卷的兩面當中，有一面的題目我甚至完全看不懂，因為在學校根本沒學過那種程式應用。

但即便我交卷時有一面完全空白，面試主考官卻從我有答題的那一面看出我的邏輯功力強，他說：「年輕人，雖然你不懂新的程式，但我看得出你有潛力可以勝任我們的工作。」

就這樣，我抱著一顆感恩的心進入職場的第一份工作，也必須感恩當時老闆的栽培，讓我從無到有，學習到很多當年我

還不會的資訊專業。我在那裡服務四年，累積了足夠的資歷，讓我可以被當時臺灣最大的入口網站雅虎奇摩錄用。至今，我仍和第一家公司的老闆維持亦師亦友的關係。

▌打造結合眾多項目的平臺

走筆至此，我只是單純分享過去近二十年的職場心聲，以及讓讀者知道我在資訊領域已服務許久，經手過的案子累積不少，也以此為基礎，分享後來當碰到危機時，我如何轉型到做斜槓。

那時候我就想到，穩健人生真正的關鍵，不該依賴任何一家企業，而是要讓自己有足夠的實力，但就算自身有實力依然不夠，我必須擁有多元的資源。

其實當時我還沒想到「斜槓」，畢竟那個年頭也還沒流行「斜槓」這個名詞，但我就是單純的想要增加收入源。從那時候到現在的十多年裡，我參與過的投資還挺多的。

對我來說，每項投資都是一個「項目」，包括工作也是一個「項目」，雖然這件事可能占據了我們的大部分時間，但以收入端來看，就是一個「項目」。

秉持著這樣的概念，我積極開發「項目」。

曾經有段日子，我試想自己是否可以從事保險工作，後來發現這個「項目」的收入並不穩定，有高峰也有低谷，另外我真的不擅長包裝自己與商品，所以後來也沒有深入下去。包括

我後來被拉去做傳直銷，也參與各類學習，做過美樂家、外匯保證金等，共同的特色就是這些項目都可以獨立進行，不影響我的主業，讓我擁有多元收入的機會。只不過回顧起來，這些投資項目，十之八九是失敗或打平的，如果這樣，那就只是虛度光陰而沒有實質結果，又有何意義呢？

也就是這樣不斷嘗試幾年後，終於在 2018 年有了一個新的契機，我找到了一個好的模式。原來過往我只專注在尋找一個又一個「項目」，有些賺錢有些賠錢，但是都沒有穩固的保障。

後來我經由學習知道，如果我善用各類項目的結合，包括我可以成為「項目的一份子」，具體來說，就是我跟人家合作一個項目，既可分擔成本及風險，又可以讓我有更多資源參與更多項目，也就是因為這樣的思維，讓我開啟新的一片天。

從那年開始，我跟人合資房地產投資、跟人合資軟體開發、跟人合資新創事業等等，每一個合作都做到資源整合，並且很有自主選擇性。

何謂自主選擇性？從前我與人相處時，心中總會有些疑慮，例如我覺得辦公室文化都比較虛假，人與人間相處有時候很累，我擔任產品專案經理時，可能為了協調團隊裡比較沒責任感的人，要說好說歹的督促他進度，搞得有點身心俱疲，往往回家後累到只想躺在沙發上，有時候心靈的累比身體的累還累。

　　但是當我可以主動選擇「項目」，例如我投資房地產或者一項新事業，我就可以選擇彼此有共識的朋友，當你和對的人一起奮鬥時，就一點也不會覺得累了。

　　2020 年，我更將這樣的理念發揚光大，不只自己參與了各類項目投資，也建立了一個社群平臺，叫做「101 斜槓俱樂部」，網路代號是「斜槓龍工程師」，我集合了有不同專長以及本身有不同項目的人在一起，也許今天 A 可以參加 B 的項目，或者 D 跟 E 共同組建一個新的項目等等，不同人才都可以在這個平臺交流，為彼此創造商機。

　　至此，我的人生終於做到實力與平臺兼顧，我有實力不擔心在職場上被淘汰，又有平臺可以打造多元互動商機，助人又益己，這樣再好不過了。

//Anderson 的斜槓指引 //

如今的我，身兼各種「項目」，我依然是個上班族，在資訊公司擔任高階主管，但這並無礙於我的其他身分。因為跟朋友做項目合作，所以不會耽誤我太多時間，藉由群策群力，我打造自己的斜槓身分以及斜槓收入。

目前我投資了房地產，擔任房屋管理人，另外我也跟朋友打造共享汽車與共享空間的平臺，我擁有顧問收入及未來事業的發展商機。

我也有屬於自己的教育平臺，推薦優質的老師向兩岸朋友授課，我更是「101 斜槓俱樂部」的創辦及召集人，藉由團隊的力量，常常有新的收入可能。

我要和讀者分享兩個原子習慣：

1. 居安要思危，拓展新能力

永遠不要以為自己是無可取代的，或者認為現在的工作很滿意，就以為可以這樣工作一輩子。永遠要培養及加強自己的技能，那樣的自己，就算公司沒了，依然可以找尋自己的一片天。

2. 擴展社交圈，建立新斜槓

　　如果本業已經穩固，這時也要讓自己不斷拓展視野，可以結交新人脈，找和你對味的朋友，不排斥各種新的商業可能。同時自己也要敢於突破舒適圈，去做一些以前不敢做的事，這樣人生才有新的發展可能。

—— **作者個人連結** ——

Anderson 網路名片夾
https://lihi3.com/d70Da

101 斜槓俱樂部 LINE 社群 : https://lihi3.com/4Du1H

還有更多天賦待開發，你比原本想像更豐富

/ 原子議題 / 只能選擇以最專長的技能發揮所長嗎？有沒有可能其實你有尚未被發掘的技能？

/ 關鍵思維 / 當有新的任務或挑戰出現時，先不要想著自己有沒有這方面經驗，很多事不去試一試，怎知自己做不到？

跨境平臺行銷講師及旅遊達人 / 小薇

斜槓核心：行銷傳播、旅遊、線上教育

斜槓身分：

整合行銷顧問公司共同創辦人／數據開發公司行銷顧問／中國六大線上教育平臺自助旅行規劃講師＆講師經紀人／趣你的人生創意教育平臺共同創辦人／社交電商平臺加盟商／答案桌遊引導師

大家常説「心想事成」，
前提是，要先找到你的「心」！
很多人在人生迷惘時會選擇旅行，
但當我走遍很多國家再回到原點才發現，
其實不是旅行過程的風景讓你找到人生答案，
而是打從你準備放下一切歸零出發那一刻，
你就已經獲得自己找尋答案的勇氣與能力。
既然我們無法在每次遇到難關時都能隨時抽離，
至少可以學會在面臨未知時仍大膽前行。

▎兒時：「十萬個為什麼」的問題兒童

從小我就覺得自己跟別人不一樣，是個不斷挑戰「熟悉」定義的「問題兒童」。大家覺得習以為常的事，我卻老愛去問「為什麼」，覺得一定存在不同的面貌，像是覺得花盆應該也可以拿來當菜籃，電風扇葉應該也可以替代方向盤。

當媽媽告訴我：「你只能在這個圈圈裡面玩，千萬不要跑出去喔！」別的小朋友都會乖乖聽話遵守，但是我就會想，為什麼「只能」待在這個圈圈裡，我如果跨出去一步會怎樣嗎？

然後我就會想嘗試看看自己的方法，這不是故作叛逆，也並非討厭那件事，只不過當大人們訂下一個規則時，我會思考那些規則的背後會有什麼？當我跨出圈圈後，發現結果也沒有怎麼樣。這就會讓我更加質疑，所謂「規範」的存在，到底有什麼意義？

我的十萬個為什麼，也讓我從小就比別人多了些長輩的白眼、繞遠路的探索，但也是因為我的世界沒有理所當然，所以創造出的風景格外精彩。

巧的是，這樣的「怪咖特質」，還特別適合投入傳播界。

▎本業：十年悠遊傳播產業

老愛打破規矩問「為什麼」的怪咖特質，小時候雖然令長輩頭痛極了，長大後卻成為我能「超前部署」職涯發展的重要

關鍵。

高中時，當別的女孩都在關心吃喝玩樂，我卻是每天午休不睡覺，跑去輔導室纏著老師詢問大學科系內容，也做了無數次性向測驗，摸索個人定位。也是在那個時候，我確立自己的專長與興趣都在傳播領域，希望將來能吃這行飯，所以開始有了考上大傳科系的明確目標。最終，我也順利考上了世新大學新聞系，如願當個傳播人。

往後十多年的時間，我可說是充分「學以致用」，悠遊於不同的大眾傳媒領域，採訪撰文、品牌定位、議題策劃、辦講座、派對及記者會，就是我的工作日常。

我曾任職於麥肯廣告集團旗下的美商公關公司、知名兒童劇團、中廣寶島網節目企畫製作、《安全自動化》雜誌國際中文版副主編、《新娘物語》雜誌特約編輯、大數據開發公司行銷經理。已成功企畫 150 次以上的新聞發稿與專題報導，創造超過八千萬元的媒體價值。

撰文內容涵蓋醫療、親子、藝術教育、婚禮領域，受訪者包括連戰、朱立倫、楊麗菁、蔣偉文、張震嶽、江美琪、公視金鐘獎節目製作人、小學校長、大學教授……等，策動主持超過上百場公關活動，也曾為了新戲宣傳全臺跑透透，一個月內就巡迴了四個城市，讓票房滿座。

然而就在我逐漸獲得自己想要的薪水、職位、團隊之際，卻赫然發現，高壓高速的生活狀態，已讓我變得容易生病和感

覺被掏空，曾經非常喜歡的行銷傳播工作，竟已無法燃起熱情，於是我決定放下一切，出走！

　　清楚記得是三十三歲那年 11 月，我放棄即將到手的年終獎金，毅然提出辭呈，把高跟鞋、西裝外套與名牌包鎖進衣櫃，開始完成之前想了好久卻一直沒空實踐的旅程，期望換個環境，讓自己重新找回對生命與工作的熱情。

▌出走：開啟「第二人生」

　　這段旅程我獨自規劃，花了三個月和二十萬元，走遍八個國家，置身於無數明信片中的地標美景，參與全球第二大的倫敦諾丁丘嘉年華會，以及德國慕尼黑啤酒節、荷蘭阿克馬起司節、比利時啤酒節等，還意外闖入 Vogue 封街 Fashion Party、羊角村鎮上合唱之夜、德國男女共浴的百年羅馬浴場、九州桑拿天體營……，這段如夢似幻的旅程，讓我的眼界與心境整個顛覆！

　　接著，我又選定臺灣幾個特色鄉鎮，以「打工換宿」的方式，進行長期的深度探索。

　　這段時間我才知道，雲林斗六有間充滿風味的日式黑膠唱片館；也發現躺在臺東鹿野鄉龍田村的產業道路，感受陽光穿透小葉欖仁樹是如此的美；到臺南新營糖廠不僅可以吃銅板冰品，還可以坐特色小火車；在花蓮第一次帶陸客白天玩遍花東縱谷，晚上在七星潭舉辦不插電吉他音樂會，唱歌跳舞到天

亮；在墾丁落山風季，帶老外騎機車夜衝龍磐大草原，和梅花鹿一起讚嘆滿天繁星。

當我真正再重回職場，已是一年之後。旅行期間，我還接待過一組國際參訪團，為 45 位來自世界各地的工程學者設計臺北一日遊，帶他們遊覽國父紀念館、忠烈祠、故宮及臺北101，並為兩家公司規劃一場度假會議以及一場尾牙派對。

這一年雖然暫停了人生的進度，卻是我人生中最難忘、值得的一年。我找回滿滿的幸福，感動大哭、開心大笑，也找到日後創業的方向與夥伴，更重要的是，我更清楚自己想要的到底是什麼。

原來我真正要的是，別接受自己戴著舊有的面貌待在原地。不是要轉換職位或公司，而是要擺脫掉對凡事開始習以為常、漸漸減少問「為什麼」的那個自己。

所以這一次，我決定不再開啟人力銀行履歷去爭取另一份本質換湯不換藥的白領工作，而是決定更換思維、更改定位，開始以老闆格局，開展我的「第二人生」。

▌斜槓：三年跨足四大領域

經過三年多的努力，我目前的斜槓事業版圖大致可歸納為四塊領域：

1. 行銷領域：

運用本業專長，與朋友合夥開設整合行銷公司，為政府機

關及中小創業者提供產品與政策線上、線下的行銷規劃，也承攬籌辦各類活動、刊物出版與網頁設計。

2. 教育領域：

線上方面，透過創業社團的人脈引薦，成為中國六大線上教育平臺的自助旅行授課講師，同時也成為講師經紀人，專門協助臺灣優質講師將課程上架大陸線上平臺，並且全程不必飛大陸。

線下方面，與七位朋友共同創辦「趣你的人生」創意教育平臺，舉辦多場趣味活動，打造優質人脈、生活交流平臺，如人脈交流、共煮活動、調酒會……等。

3. 電商領域：

與全國最大社交電商平臺合作，運用大數據分析與 AI 機器人技術，打造百萬流量部落客業配寫手團隊，以及全媒體行銷計畫，協助實體店家數位化，轉型新零售。

4. 身心靈領域：

經過合格培訓與創辦人授權，擁有知名身心靈桌遊「答案」引導師資格，以三種身心靈牌卡結合 NLP，引導學員探索自我，並組成引導師顧問團，不定期開設桌遊活動，至今已協助上百位朋友釐清人生課題，面對自己。

訣竅：三大重點機會到位

看到這裡，我想多數讀者最關心的其實是：你如何能獲得不同的斜槓工作機會呢？我認為有三個主要訣竅！

首先是**拓寬觸及市場**。這裡所謂的「市場」，不單是指某個地區或國家，也可以是不同的專業領域。例如我開始第二人生的初期，只是先從上班轉變成 SOHO 族的工作型態，接案的內容還是不脫文案或行銷宣傳老本行。我才發現若沒有掌握不同產業、不同地區甚至國家目前風行些什麼，根本就很難獲得本業以外的機會。且若將雞蛋都放在同一個籃子裡，一旦本業環境發生波動，承擔的風險將可能更為劇烈。

雖然我認為不一定要跨出本業才叫「斜槓」，但至少它提醒了我們，可以開始為自己的人生安排更多選擇。當你能觸及越多市場，越有助於你拓寬視野，日後不管得到什麼機會，都更能創造出與眾不同的競爭力。

基於這樣的想法，三年前我開始頻繁的往來兩岸三地，親自去觀察消費市場動向，也因此結識了許多產業的優秀臺商人脈，以及認識龐大的線上教育商機，並得到兩岸商務導遊與中國線上教育平臺的資源。

其次是**拓展交友層次**。這裡所謂的「層次」，不是一般世俗價值觀所區別的「上流社會」或「低水準」，而是指這些朋友的特質、類別可以盡量多元一點。例如可以認識比自己年輕

卻保守神祕的朋友，也可以結交年長卻童心未泯的長輩；可以有共同興趣的球友，也可以結交你從未嘗試過的領域朋友。

這其實就像是一個「圖書館」的概念，當你的藏書數量與類別越豐富，不僅是你的疑問越容易找到解決辦法，也會吸引越多人來借書，這裡就自然成為「情報交換中心」，有好消息你肯定是第一手得知囉！

有些時候，好機會往往是在不經意的時刻發生的。就像過去，塔羅、占卜比較不是我會關注的領域，然而在一年前，我為了擺脫一場低潮，強迫自己去參加各種不熟悉的活動轉移焦點，無意間答應了朋友邀約參加「答案桌遊」，沒想到竟解開了塵封已久的心魔，讓我告別低潮，當下也決定拜師學習，希望透過這套工具幫助更多像我一樣低潮的人，早點撥雲見日。

第三點是拓印個人價值。延續前面說的「圖書館」概念，讓自己成為情報交集中心之後，為了確保機會能鎖在你身上，而不只是「路過」，平時就可以把握每一次與朋友接觸的機會，把你真正想傳達的的核心價值，有意無意的輸送到他們腦中。更直白的說，就是讓他們知道，你除了擅長媒合人脈、包打聽，還有什麼無可取代的厲害能力，或是可被利用的價值。

就像我之所以開始擔任講師經紀人，都是因為之前經常上課（拓寬市場、拓展人脈），認識許多講師，他們都記得我從事行銷工作，當世界因為疫情嚴重而停擺時，遇到招生與圈粉的瓶頸，就紛紛來找我諮詢對策。但我發現，比起在不合適的

通路砸下徒勞無功的廣告費，還不如直接推薦他們轉換到一個更好的平臺，省錢也省力，於是就陸續幫他們對接到大陸的知識付費平臺，數位轉型也一次到位，更因此意外成為講師經紀人，又多了一項斜槓收入。

本以為半路出家當講師經紀人已經夠意外了，沒想到，多次幫講師對接中國線上教育資源的過程中，顧問公司輾轉得知我在行銷本業外還有旅遊規劃專長，他們評估有市場需求，於是建議我擔任旅遊規劃講師。

乍聽之下我有點猶豫，畢竟我既不具正統旅行社導遊執業背景，二來我過往也沒有講師經驗，是否真的能夠勝任？但一想到專業能力還有時間培養，而機會錯過就難再挽回，於是便一口答應，如今這也成為我人生中寶貴的一項經歷。

也許是吸引力法則，五個月後，我又透過另一堂課，取得臺灣最大財商教育機構的線上教育平臺經營權，中、臺兩地的線上教育資源順利布局完成。

心態：成熟面對「熟悉」與「不熟悉」

每次談起我的旅遊經歷，大家都很羨慕，但其實在出發前一週，我曾擔心到想放棄旅程。畢竟第一次自助旅行就要去這麼遠、這麼久，語言、環境、治安、友善度、氣候都掌握不全，充滿了挑戰，滿腦子都是自我懷疑：我可以嗎？如果被搶、找不到路怎麼辦？錢不小心超支或花光怎麼辦？已經不年

輕了，中斷這麼久，萬一回來後沒工作，未來怎麼辦？

還好再多的內心小聲音都沒有阻攔我前進的步伐，原以為漫長煎熬的兩個月，轉眼流逝，換成滿臉笑意和意猶未盡的回國，我才有滿滿的故事可說。

當外界都羨慕媒體公關有參加不完的派對飯局，和拿不完的廠商公關贈品，然而我曾經辦過一場客戶的新聞發布會，只約到五個記者，被客戶當面痛罵。深夜辦完活動後，繼續回公司熬夜趕工寫企畫書，隔天仍被主管從她的辦公室毫不留情丟出門外。當我還是產業雜誌菜鳥編輯的時候，因為聽不懂技術，被受訪者當面嗆：「你們家沒別的記者了嗎？換別人來！」拒訪走人，我立刻崩潰，轉身跑到世貿二樓大哭……

但還好這些能力不足的不安，從來都沒有打斷我爭取機會的動作，後續才能得到一次又一次的斜槓資格。

我們總習慣把事情二分為「熟悉」與「不熟悉」，熟悉的，已經日積月累形成令人安心的「習慣」；而不熟悉的，則常常被定義為挫折、挑戰，甚至對某些人來說，是過不去的「關卡」。當然，一般人都比較喜歡跟「習慣」相處，而不喜歡遇到「關卡」。

就像理論上當我們把一件事做到很熟練，就可以賺到越多錢。但是要怎樣才能把一件事做到很專業呢？除了本身喜歡或具備天賦外，就是要夠熟悉，在熟悉的領域待久了，就不會有意外，但往往也不會有新的火花，經常就此走入僵化。

當新的火花剛綻放時，可能會被它的聲音嚇到，但漸漸你會忽略它的聲音，而看到繽紛的顏色，欣賞它的創意。

所謂「熟悉」與「不熟悉」的定義與優劣，慢慢好像也沒分那麼清楚了。我認為如何成熟面對「熟悉」與「不熟悉」，是能否拓展斜槓人生的重要關鍵。從「不熟悉」到「熟悉」之間有一道關卡，這道關卡攸關著每個人的未來，如果突破了關卡，你就又多了一項專精的事物，如果 A 事物也專精，B 事物也專精，你就會逐漸斜槓起來。

我的斜槓經驗就是一連串的「熟悉」加「不熟悉」交織堆疊而成，如果你經常待在某一領域，現在可以試著轉換了。

嘗試不一定有結果，不嘗試肯定沒結果

除了工作，在生活上我也帶著這樣的信念，先後完成幾項不可能的任務。前年我在朋友慫恿下，參加一個體能挑戰營，從來沒有運動習慣又有懼高症的我，分別徒手爬上高達六層樓、只有六根木樁的巨人梯，以及站上十層樓高、直徑十五公分、只容單腳站立的高空圓柱。另外，我還曾走在六層樓高的高空鋼索，最後在十分鐘內徒手翻越五公尺高、垂直且沒有任何可踩支點的光滑牆壁，又靠單條繩索爬上四層樓高的樹。

近期我成功攀登全臺灣第一高峰，也是東北亞最高峰——玉山，夢想清單又完成一項。當初完全沒有運動、攀登高山經驗的我答應這項挑戰時，內心也是無比掙扎，我的體力可以

嗎？會不會有生命危險？高山症發作怎麼辦？知道這項消息的親友，也紛紛投以懷疑的眼光或試圖勸退我，讓我開始認真思考是否要退出。

但後來我心念一轉，不要讓別人告訴我能做什麼？我的人生活在我的行動裡，不是活在別人的嘴裡，與其消極害怕，不如積極準備。後來，我每週開始認真練習，背背包健走、爬樓梯，也去爬了幾座山，做高度、地形適應，並且上網看了許多登山教學文章與影片或請教嚮導，最後，終究憑意志力一步一腳印的完成了，親友都驚訝得不可置信！

這些經驗讓我深刻體會到，人生路上常有無法預期的挑戰或抉擇，這些不熟悉的考驗，每一秒都令人想放棄，但完成之後就會發現，自己其實有無限可能，並會感謝曾經選擇並堅持到底的自己。很多覺得不可能的任務，只要勇敢踏出第一步，持續前進，一定可以到達終點。不平凡的人沒有特別聰明，他只是在和大家一樣平凡的時候，選擇多一點堅持和勇敢而已。

期待我的經歷能提供想要不平凡、準備踏入斜槓人生的朋友一點鼓勵和參考。我不知道對你而言什麼才是最佳的選擇，但根據我的斜槓與冒險經驗，如果想讓風險值降到最低，我建議最好的方法就是**多冒幾次險，讓冒險變成一種常態**。

我們無法在每次遇到難關時都能隨時抽離，但至少得學會在面臨未知時仍大膽前行。無論如何，「已經嘗試」就是最好的開始了！勇敢改變，活出自己吧！

// 小薇的斜槓指引 //

關於我的斜槓分享，我想要跟讀者強調的原子習慣有四大重點：

1. 機會來了先舉手，每一個生命的轉彎都有意義。

我深刻覺得，斜槓人生的最大挑戰，不在於培養多重技能或時間分配，而在於考驗你面對未知領域的態度與調整能力。

回顧我一路走來，很多機會都是在「不熟悉」的狀態接下的，諸如線上講師、講師經紀人、電商平臺規劃、網頁設計、身心靈引導師，都是零經驗值。

但既然機會來了就去做，因為唯有開始做，你才有機會越做越好，不做就什麼事都不會發生。而且結果證明，很多事前的擔心，往往都是多餘的。

2. 相信自己，不忘初衷，專注目標。

因為你開始選擇進入別人眼中「不熟悉」的領域，身邊的人基於適度保護或釐清他的責任區劃，冒出打擊你的風涼話乃是家常便飯。但那都只是雜訊，最重要是記得你選擇斜槓人生的初衷與目標，堅持下去，相信自己，你的行動成績就是消滅這些風涼話的最佳良方。

3. 保持高度好奇，問問題比找答案更重要。

小時候問問題，我比同學找到更多遊戲的玩法；長大問問題，我比同事挖掘出更有價值的新聞資料。當我繼續帶著好奇接觸到各行各業，我發現我可以找到別人沒看到的跨界商機，最後變成我的斜槓機會。

其實只要問對問題，自然就能找到答案，如果你可以成為問出關鍵問題的人，你就能在發展斜槓事業的過程中，找到專屬你的一席之地。

4. 資源整合創造最大綜效。

斜槓不是無止盡的工作兼差，除了滿足多元化的潛能開發目的，要獲得良好的變現效益，更可以把看似不同產業的多種項目，以一個核心價值或技術，盡可能整合在一起，讓你的所有斜槓事業都能為彼此再加分，而這個核心需要審慎思考。

—— **作者個人連結** ——

小薇不同凡想斜槓成果與祕密：

https://lovedjlin.wixsite.com/my-site-4

好禮大放送：500 元東森購物禮金：

https://lihi3.com/00QX1

找到正確指引，為你人生成就解鎖

/ 原子議題 / 到底我的人生該往哪裡走？我的目標是什麼？我已經準備好了嗎？

/ 關鍵思維 /

1. 人生首先要認清目標方向，否則都是白做工。

2. 方向正確，目標正確，那麼所有有助於這個方向目標的決定，都該是優先選擇。

斜槓財商指引師 /Joè

斜槓核心：財商及教練指引

斜槓身分：

指引教練／財商桌遊引導師／包租公／房產生產者／貸款顧問／實體黃金代理商／網路平臺導流師

如果面前有兩個選擇：
一個是安穩如昨的每月領還算不錯的薪水，
一個是可以累積實力、但可能有段時間沒有收入保障，
如果是你會怎麼選擇？
如果這樣的選擇並沒有人強迫你，
你也可以暫不做選擇，
反正有事「以後」再說。
然而隨著年紀漸長，
我發現不能再把一切都推給以後了，
我決定行動的時刻就是「現在」！
斜槓人生就此展開！

▍青年投入軍職

原本我是最不可能斜槓的人，因為我步入社會後的職業就是軍職。

軍職生活硬要説是斜槓也可以，畢竟軍中文化就是能者多勞，不能者也一樣什麼事都得做，反正上級的命令下來，合理的要求是訓練，不合理的要求是磨練，説起來也是人人都得諸般雜事樣樣精通。但實際上既然都領固定薪水，也沒有帶來人生的實際綜效，所以這當然不是真正的斜槓。

在軍中的一大好處是，不用多做選擇，因為長官們一定會幫你選擇，並且大部分的日子都是讓你忙到沒法去想太多。辛苦是辛苦，但未來是一路安穩的，這是個保證不會倒也不能倒的事業，行事謹慎也不會被開除或者任意扣薪，只要撐到約滿退伍，之後每個月就有終身退休俸，而且到了那時其實也才四十多歲，身強力壯又經歷過多年的操練，人生還大有可為。

最早的時候，我就是這樣想的，所以才會留營從軍。必須強調的是，讀者若有現役軍人，以上我沒有否定軍職這行，相反的，其實軍職是非常安穩的工作，只不過想成為斜槓族，人生必須有其他的思維。

我是在服兵役的時候，因緣際會簽下志願役。由於最初是一年一簽，所以也沒太多的抉擇壓力，初入社會的年輕人，對未來一片茫然，追求安穩收入源，這是個合理的選擇。

　　我本身是醫學相關科系畢業的，但不是醫學系，而是醫管系。儘管同樣有個「醫」字，但前途差很多。醫師準備懸壺濟世，醫管呢？當各大醫院都已經人才濟濟，醫管也只是成千上萬商學領域新鮮人中渺小的一個求職者。再加上我是臺南人，相對於北部，南部的職缺真的比較少。後來我留營轉服志願役，在同一個單位一待就是超過十年。

先做做再說

　　這裡我要談談人生的「抉擇」。事實上，這也是我後來職涯的核心專長，我最終成為一個協助大家做抉擇的人，但最初的時候，我卻是一個不懂得抉擇的人。

　　再次強調，我並沒有覺得軍職不好。我知道有許多人胸懷大志、豪氣干雲，以衛國為己任。但當年的我不是因為滿腔熱向才從軍，而是因為擔心找不到工作才從軍，這種境界是完全不同的。

　　那年我剛接受軍方的徵召，自己難以做抉擇，所以如同大部分人會做的事：就是請教家人。仔細想想，當我們走到人生某個十字路口，徬徨失措時，大家都會問誰呢？首選一定是親朋好友，但親朋好友是專家嗎？他們多半只是跟你屬性相似，所謂「同溫層」的人。因此，最應該要請教的人，其實是**專業的人生導師、教練以及我後來從事的指引師**。

　　這部分後面再說，總之，當初我第一個諮詢的人是我的

父親，他年輕時就從事過軍職，對這個行業覺得有優點也有缺點，但哪個行業不是既有優點也有缺點？因此和他商討的結論是沒有結論，也就是「打帶跑」的方式，先做做看再説。

我就是這樣進入軍職的，但想一想，「先做做看再説」這句話是否很熟悉？這是我人生後來一直思考的問題：年輕人找工作，不知道該找哪行？有公司通知上班，先做做看再説；找戀愛對象時，反正我單身，對她也不討厭，先交往看看再説；這個任務該怎麼達成？沒空細究，之前其他單位都是這樣做的，我就比照辦理吧！先做做看再説。

「先做做看再説」，這樣好嗎？套用東方雲淡風輕的哲學，可以説是「隨遇而安」；套用西方達觀的説法，就是「條條大路通羅馬」。問題是，人生不是抽象的哲學，人生是跟時間賽跑的殘酷現實。「先做看做再説」代表的或許只是一次錯誤的嘗試，這沒什麼，但如果「先做做看再説」代表的是青春歲月整個耗去，例如年輕人選擇一個可以過日子、但看不到未來的職業，然後就得過且過的下去，最終不只是青春歲月虛度，甚至一生都耗了下去。這樣好嗎？

這樣絕對不好。人生需要指引，而我體悟到這件事後，人生不再選擇隨遇而安的模式，而是要用心規劃、訂定目標，並且落實在「行動力」。

當然這是我後來才體悟的，所以在那之前，我已經在軍中從二十幾歲服務到年過三十了。

▌人生不該得過且過

人生是一定要經過磨練的，因此對年輕人來說，軍職也是不錯的「初階」選擇。以我來說，身為志願役士官，如果在一般部隊裡，可能底下還有幾十個阿兵哥可以調兵遣將，但在軍醫院裡，不好意思，我底下沒人了，我就是「最下面」的。

於是年復一年，就算有新人進來，也都是我的長官，因為他們是軍官，而我只是士官。軍官可以統籌擘劃、制定任務，然後交給下面的人執行；但是士官依照職責，也一樣必須要制定自己的計畫，然後交給……也只能交給自己做。可想而知，加班是日常，並且這樣子的生活持續超過十年，不會因為我是老鳥而有所改變。

我必須感恩這樣的操練，不單單是指磨練我的毅力和能者多勞的實力，更因為這樣的苦痛，刺激我去思考人生。否則，倘若人生過得太安逸，我可能就真的會變成如前面提過的「得過且過」了。

既然覺得不好，要怎樣「變好」呢？因為不知道答案，我的作法第一是看書，第二是找老師，這兩件事真的可以改變人生，至今我也經常保持閱讀及學習的習慣。

上課學習是從服役後大約第三、四年開始的，一方面當時內心真的有生涯困惑，二方面也因為是老鳥了，比較可以調配時間上課。我當時發下心願要改變，並且非常有恆心毅力，幾

乎每週六、日都搭車從高雄趕赴臺北，甚至週一凌晨才回到宿舍。就這樣持續一段時間，乃至於當臺北的同學們好奇，我這南部人怎麼那麼勤勞，每週長途奔波，反倒我在南部一些跟我不太熟的同事，還問我是不是臺北人，否則幹嘛週末都「回」臺北。

不論如何，我從那年開始真正把學習當作人生重要的一環，最初的選擇就是「財商」，初始切入點則是「房地產」，畢竟對當時的我來說，衡量人生成敗的標準還是「金錢」，所以想學習投資理財相關課程，是非常理所當然的。

在我後來的人生經歷裡，逐步拓展視野，知道人生有諸多重要的價值，但我依然很確定的一件事：懂得財商對人生非常重要，所有的夢想背後都需要金錢的支撐。因此，事業也好、家庭也好，為社會奉獻的夢想也好，甚至包括個人的健康管理、心靈提升，跟人生相關的每件事，最終背後依然脫離不了金錢。

既然這件事那麼重要，並且人人都需要，我後來一邊學習財商，一邊也立志讓自己成為一位「幫助別人懂財商」的人。

十多年前，當我面對人生抉擇時，只能請教家人；十多年後，我已經懂得自己做人生抉擇，並且要讓大家知道，當他們碰到人生抉擇時，除了請教家人，是有方法可以釐清自己要的是什麼。

▌累積資歷是我的目標

那年是 2010 年，我的學習元年，從那時到現在和未來，我都會永遠保持學習。剛開始來臺北學習的時候，陸陸續續深入學習了三門課：房地產投資、業務拓展，以及公眾演說。這三件事相輔相成，總歸的說就是要讓自己變有錢，核心關鍵是「行動」。

我也身體力行，到 2015 年學習房產開始，當年就投資了房地產，並且從那年起，我也實地投資或參與過各種類型的房地產理財，包含一般中古屋買賣、擔任二房東、隔套收租等不同模式，乃至於更專業的法拍屋領域，我都是一邊學習請教，一邊親自實做。因為對房地產投資有心得，我也開始和朋友開課，分享這方面的財商觀念。

那算是我斜槓的開始，當時雖然仍在服役，但我已經開始找志同道合的夥伴，一起在高雄招生開課，在我下班及休假時間擔任起講師。從前的我個性比較保守溫和，也是在臺北上過課、經過培訓後，才成長茁壯，如今已能夠站在臺上面對諸多學員，穩健平和的侃侃而談，所以我真心覺得學習這件事非常的重要。

2015 年，我已經投資兩個房地產物件，隔年又加碼投資第三個物件，覺得選擇以房地產投資為業也不錯。但在我心中有另一個聲音，那是我上課的親身感受，特別是南部的弟子，

比起臺北的朋友，許多人的財商知識都不足，與其自己一個人投資理財，我更想幫助年輕人們建立正確的財商。

「指引迷途的大眾」這件事，對我來說真的很重要，這也影響我後來做的幾個重要人生決定，儘管每個決定都讓我短期內花費很多金錢，但對我來說，在我的大目標實現前，其他的都只是細節。

第一個決定自然就是選擇退役。可想而知，當我做這個決定時，身邊很多人是非常驚訝的，我竟然放棄安穩的收入，並且再撐個幾年就可以領終身退休俸，而選擇去殘酷的職場叢林裡冒險。

但我告訴他們，人生不該是用「撐」的，我要追求理想的人生，這件事現在就要做，過往已經蹉跎了，現在不該再這樣下去。

第二個決定是，為了長遠之計，我當時放棄諸多立即累積財富的可能，諸如開始在高雄長期開課以及建立投資團隊等等，而是做了一個也是令身邊親友訝異的決定，就是我為了要加強學習，為了要「補足」財商，我寧願北上去累積資歷，包括去一個底薪只有一萬元，並且可以想見會有很多個月可能沒什麼進帳的生活。

對我來說，實現目標最重要，我確定我的資歷不夠，所以我必須先累積資歷。這件事我非常肯定，並且身體力行，就算短期內沒有收入也不在意。

成為指引教練

什麼是我該累積的資歷？我既然立志要協助別人財商，卻只擁有房地產投資專業，我認為這樣是不夠的。

我還需要什麼？我必須要加強我每個跟財商相關的環節。因此在還沒退伍前，就已經積極準備考照相關事宜，至今我擁有各類和財商相關的證照，包含房地產相關的不動產營業員證照，也包含保險相關的壽險、產險證照。

為了拓展專業知識涵蓋整個金融業，2021 年也規劃考取授信證照和信託證照。總之，就是要讓被我服務的人，都感受到我的專業以及背後的服務熱忱。

然而，雖說以上所有的證照都很重要，但是對於我的財商志業來說，我認為自己最重要的一個身分，是「指引教練」。

「指引教練」在臺灣較少見，因此每次有人詢問，也必須多做解釋。基本上，大部分人碰到困難會找誰呢？會找專家、會找顧問、會找導師，但以上的基本模式就是「我碰到問題，請你幫我解決」。

然而指引教練則是透過中立客觀的提問，讓大家明白，碰到困難了，其實答案在自己身上，教練不會直接告訴對方「解答是什麼」，而是讓對方了解自己的模式「協助對方自己找到解答。並且不只是找到，還要能做出具體改變，教練會陪伴、介入、挑戰以及協助這方面的改變與落實。

　　相較之下，「教練」是吃力不討好的，但對受幫助的人來說，帶來的影響力是真正久遠的。這也是我在立志要幫助大家建立財商時，接觸學習到的一門領域，如今，則做為統整我財商專業的核心技能。

　　簡言之，我協助客戶的方式，就是先為他們進行「教練指引」，之後再配合每個人的實際狀況及風險承受度，輔以不同的理財模式。不同個性的人，搭配的理財建議不同，有人適合房地產，有人適合起伏波動更大、更有挑戰的投資項目，有人則得先理債再來理財。

　　而這裡也要強調，雖然財商很重要，但「教練指引」不只針對財商，包括事業瓶頸、家庭溝通、人際關卡，乃至於健康規劃、愛情分析，都可以結合「教練指引」。本章最後，也會提出簡單的一個教練指引架構。

　　總之，我從 2010 年開始學習，之後逐步累積自己成為斜槓人的實力，下面就來簡單分享我累積實力的歷程。

▍銜接每個財商環節

　　我在 2018 年 9 月正式退伍，代表著從那時開始，我就沒有工作的收入源，名下雖有房產也擔任包租公，但那只是理財環節，並非常態的生活現金流。

　　當時我已經具備相當的房地產投資知識和經驗，也已經學習了教練指引，接著我想要做的，是拓展我的財商環節，這件

事不容易，但我訂下目標一一去做。

　　首先我投入的環節不是任何的金融理財項目，這一階段我做的選擇，是加入一家貸款公司。是的，就是那種你可能在路上會接到傳單，上面寫著「你有財務周轉需求嗎？歡迎來找我們」那樣的公司。

　　會加入這家企業，是和我女友認真討論過的。我本身經歷過房地產培訓，女友則是在銀行上班，我們過往以來累積了許多的財務知識。以房地產來説，從找屋、看屋、實際交易到獲利規劃等，這些部分我們都了解，但卻一直缺少某個專業環節，那就是貸款的部分，而貸款並非紙上談兵就可以學到的，必須要有「實務」。

　　「確定要這樣嗎？」當時我女友也很擔心的問著，因為很明顯的，在這裡服務會有一段時間收入可能相對不穩定，但我依然加入了。

　　事後證明，這個選擇一點也沒錯，以收入來看真的不甚穩定，但我從第一個月開始就經過嚴格的培訓，一切從零開始，有系統的受訓了解不同的貸款環節。不僅僅是一般銀行貸款，我們既然是專業的貸款公司，隨著需求者不同的財務狀況，服務範圍還包括融資公司、民間融資這樣的貸款機制，最後才是當舖以及錢莊，但我們只了解經營原理，實務上並不去對接地下錢莊。

　　那段日子裡，我也很高興幫助到一些本身有財務狀況、

但有誠意想要打拚的人，後來也真的借貸到錢，為他們度過難關。這段歷程大約七個月，直到 2020 年，進入另一個新的學習境界，讓我的斜槓人生大放異彩。

▌成就我的斜槓人生

在貸款公司，我不只學會貸款領域的專業，也因為擔任的是業務工作，因此大大磨練了我的溝通交流實戰，收入雖少，但以學習來說非常值得。

這中間還有段小插曲，就是因緣際會接觸到自媒體圈的朋友，後來也去培訓學會了網路導流的專業，可以透過 Google 等平臺協助廠商行銷，這雖和財商沒有直接相關，但也成為我後續斜槓的一個職銜，我也常態可以協助廠商拓展網路流量。

回歸到財商部分，2020 年 5 月底我離開了貸款公司，當時我認為自己準備好了，準備大展鴻圖，全力投入房地產及財商教育的領域。結果就真的心想事成，當我準備好了，宇宙也送來了禮物。

那時本來我的主力是做法拍屋學習及實戰，那是我認為關於房地產知識還需加強的部分，但就在那樣的機緣下，認識了兩位貴人。一位是包容度很大、很願意照顧後進的總裁，他本身也是從事法拍屋起家，目前擁有自己的珍稀酒類投資公司，另一位是建設公司董事長。在這兩位貴人的無私分享及提拔下，我一邊投入法拍的實務當中，一邊瞭解身為房產的生產

者，是如何拆解從土地成本、營造成本、管銷的計算，來到整個不動產的獲利了結。

感恩不斷學習、鍛鍊與累積的自己，如今，我可以拓展我的斜槓人生：

- 我透過自媒體的串接，接洽業務，結合以指引為核心的財務規劃。
- 我也開始與夥伴舉辦各類財商課程，主力是房地產，但也包含其他財商基本觀念。
- 對於有進一步需要的學員，更可以結合我的指引教練身分，進階諮詢、輔導。
- 其他包含網路導流、房地產投資等，目前同步進行中。

就這樣，三十多歲的我，擁有多元的財務收入，並且我最高興的是，我的工作可以幫助大家，透過指引找出人生道路。

//Joè 的斜槓指引 //

關於我的斜槓分享，我想要跟讀者強調的原子習慣，有兩個最大重點：

1. 讓自己的專業更專業

當我確認自己要走的路，我想透過教練指引結合財商幫助大家，於是我就全心全力去學習所有跟財商相關的專業，包含取得證照，更包括為了學習，在設立好時間節點下，即便暫時收入較低也在所不惜。

對年輕人來說，我建議趁年輕，在找工作的時候，先不要以薪資多少為考量，而要以「專業領域充實」為第一優先。

例如有志從事餐飲業的朋友，要找的不是時薪最高的餐廳，而是願意栽培你的餐廳。並且心中要能堅持，學習第一，有可能工作到一個階段，覺得不能再學習到什麼了就要換跑道，為的是學習與累積，暫時不管薪資。

而以上的前提是你已經「找到方向」，一般人就是因為找不到方向，所以只好以薪資多寡當做求職標準，甚至當作人生唯一目標。

2. 健全的成功模式

這也就是我的「指引教練」專業所要傳授的事。

實務上的教練指引因人因事而異，有許多的工具與方法可以融合其中來進行。這裡分享教練指引的四大步驟，供讀者們參考：

（1）確認目標

「你要的是什麼呢？」這是最基本的，你要知道你想往哪走？司機才能載你去，目標分成短、中、長期，如果暫時不知道遠大的人生目標沒關係，但一定要有短、中期目標，例如想要明年底前存錢買屋好結婚等等，畢竟你若不知道要去哪裡，那麼你要往哪邊去也都無所謂。

（2）釐清現況

知道你想去哪裡？但你「現在」在哪裡呢？許多人以為這問題很簡單，但其實很多人都不知道自己現在在哪裡？當大家得過且過在過人生時，過往也從未想過這個問題，是很有可能不知道自己現在處在什麼位置的。

（3）對接資源

知道方向，也找到目前立足點後，要達成目標是需要方法、資源與支援的。不論是解決問題、彌平落差或突破現況都需要資源，這需要盤點人脈、盤點資歷等先發散思考後，再從可能性中聚焦挑選方法。總之要找路徑、找方法、找人脈，以利最終達成目標。

（4）採取行動

以上都只是理論，唯有真正去做，才能帶來力量。但人都有盲點，此外，理論如何化為行動，一開始往往會受限於過往的限制性信念、模式，所以才需要透過指引來洞見、調整模式、扭轉信念，修正後再行動。

這是簡單的教練指引說明。透過指引，除了曾協助友人順利轉換跑道外，也曾協助工程師朋友，從零到一運用自身專業跨出第一步，真正斜槓自己想要的品牌顧問，並成功接案一間新創生技公司。

對於想要追求更幸福的平衡人生，想要了解如何結合身邊資源、讓自己成功斜槓的朋友來說，想知道更多的實戰方法，一起喝杯咖啡，和我來場「教練指引」會面吧！

—— 作者個人連結 ——

現金流加速器 LINE@

斜槓人生涯轉型篇

植基於生涯成長中再突破的斜槓概念，
特別適合上班族做為思考選項的參考。
我們介紹的三位老師，本身也都曾經歷過上班族生涯，
後來透過多樣的斜槓，開創不一樣的人生，
有著更高的收入以及更圓滿的人生。

喬王
以豐富的金融專長，拓展出多元且
成功的斜槓事業。

Kota

年輕的 AI 工程師，打造出別具影響力的
莫比烏斯概念社團。

Grace

一路經歷跟美麗相關的事業，
是電商界的重要經理人。

從體制內斜槓成功轉型全方位斜槓

/ 原子議題 / 如何同時做好體制內斜槓以及社會面斜槓？也就是既當個專業上班族，又擁有多元的斜槓收入？

/ 關鍵思維 / 我們一定要改變自己，不改變就不能銷售自己，就無法接觸更優質的人。斜槓不是一種泛稱，斜槓的每件事都經過挑戰自己、改變自己而來。

資深理財專業達人 / 喬王

斜槓核心：金融理財及異業交流

斜槓身分：

商業銀行中高階主管／線上教育平臺講師／ Podcast 頻道主持人／知名部落客／媒體專欄作家／房地產理財講師

我是個播客（Podcaster），也是個小有名氣的網路作家。
也許，你曾經一邊開車一邊聽我的節目，
或者某天你曾閱讀過我的文章，
並透過我的建議，鏈結到某本書籍或某個課程。
如今是標準的網際網路時代，
許多人事地物，會經由高科技的方式串聯，
發揮橫向、縱向的影響力，
這背後植基的也是斜槓的力量。

你好，此刻和你分享的我，
也許仍在某個辦公室規劃大型的金融專案，
也許正在錄音室裡訪談有趣的斜槓專家，
也許我人在這裡，也許我人在那裡，
也許我剛剛才和你擦身而過呢！

迎接雲端大數據時代的斜槓人生，
你我都已處在其中，
在這大千世界裡，
你我的距離比想像中來得更近。

我如何踏入金融產業

直到本書上市的前半年，我依然是個金融從業人員，是大家口中所謂的「上班族」，當然，在其他領域我是專業人士，甚至是個老闆。我覺得這只是角色切換問題，重點是不論扮演哪個角色，都要做到認真，把該角色的職責扮演好。

投入金融領域，其實也不容易，因為我並非只是一個基層的銀行行員，而是在臺灣頂尖的大型商業銀行總部，擔任著重要的主管角色。

我企畫過很多專案，影響至少數十萬人，也許你今天透過智慧型手機參與某項線上理財，或者進入網路銀行點選某些機制，就可能觸及到我規劃過的金融服務範疇。

會爬升到如今的位置，過程雖不至於說是萬中選一，但也絕對是相當嚴苛，歷經有如海軍陸戰隊菁英的挑選。因為我是從銀行總部徵選的儲備幹部（Management Associate；MA）做起，儘管是社會新鮮人，但一拿到完整年終就是年薪百萬元，至於如何經過層層關卡才能爭取到這張入場券？我相信很多人未曾聽過金融體制的儲備幹部培訓制度，所以我也在此和你分享。

我畢業於臺大經濟系，以及臺科大科管所，對於 FinTech 金融科技不算陌生。撇開各類打工經驗不算，我進入社會後的第一份工作，也是我到出書前半年還在從事的工作，就是進入

大型商業銀行服務，而我的斜槓就是在這份工作開始培養的。

我是從至少以千人為單位的應徵角逐群裡，最終歷經四、五道關卡才脫穎而出，成為銀行主力培訓的儲備幹部。過關的前提，基本資格必須是良好的學經歷，之後不論是筆試或口試，被測試的項目非常多樣，包含英文面試、情境面試、測驗臨場反應、在團隊裡如何與人互動，還有是否對時事有獨到的見解等等。過程中有幾次我都覺得自己很難通過考驗，但感恩長官們的包容以及對我潛力的期許，讓我有幸過關，進入頂尖的金融機構。

但錄取也只是另一段考驗的開始。所謂培訓，公司真的是卯足全勁，投下百萬資源孕育人才，也就是因為如此，即便後來我發展出斜槓人生，也願意繼續在我的金融崗位貢獻心力。

扎實的輪調與培訓

我覺得非常幸運，能在國內數一數二的銀行經過有系統的培訓，這對我後來能夠擁有多樣能力非常有幫助。我相信要成為一個斜槓人，不僅要具備多樣的技能，也包含許多精神層面的提升，例如做人做事的膽識格局，以及危機應變能力，乃至於在不同場合的是非價值判斷力。如果只憑著滿腔熱血，沒「一招半式」就想闖天下，並投入多樣工作，我覺得那只能算是「忙碌兼職」，而並非真正的斜槓。

以我本身的為例，所謂培訓不是以「月」為單位，而是長

達兩年半，這中間有嚴格的汰換機制，每年都至少有 15％的儲備幹部同儕，因為未達標準或者績效名列後段，黯然退出培訓，後來也離開公司了。

銀行的 MA 儲備幹部培訓，是以培養具備宏觀視野的主管為目標，因此很重視歷練，在那兩年半的期間裡，我每隔兩、三個月就會被調動單位，而且每次調動前，我的績效都必須要符合考評。

為了讓我們未來在總行規劃商品或專案時，更了解第一線同仁與客戶的需求，所以歷練的第一關就是擔任第一線的業務人員，包含信用卡、基金保險、房貸、信貸，甚至企業貸款都屬於我的推廣範圍，這時候說什麼理論都只是紙上談兵，唯有真正做出成績的人，才有資格進階。

要做出業績，已經無法只靠親朋好友，畢竟有誰會為了捧你的場，特別買一間房子？因此主力多半是放在開發陌生市場。不僅僅是臺灣本地，我還曾被派到香港，一樣是擔任業務性質的角色，在那個人生地不熟的環境裡，我依然必須做出業績。

當時我也曾到大陸深圳舉辦的會展蒐集廠商名單，並且透過電話，一家又一家進行拜訪，爭取和廠商建立關係的機會；也曾參加當地的金融業聯誼活動，認識到香港的一家證券公司高階主管，並且爭取到合作融資的洽談機會。

嚴格的是，擔任業務的訓練期間，我的績效不是跟新人

比，而是跟全公司的業務，包含跟年資超過十年的前輩一起競爭，結訓成績達標，才算過了這一關。

因此我在不到三十歲，就已經具備成熟穩健的形象，可以跟不同企業老闆談判或締結合作協議，這些都無關天賦，所有的能力都是後天訓練出來的。

關於天賦部分，我稍後會再完整介紹，但我先透露一下學生時期的我，看起來完全不是個專業經理人的料。在金融體系培訓的經驗，真的硬生生讓我快速長大，我也因此認知到，**每個人的格局和境界，都是可以歷練養成的，大部分人覺得自己實力有所侷限，都是因為自己畫下的框框。**

所謂封閉在舒適圈，就是認為自己這也不行、那也不行。如果有一天被環境所迫，好比説再不銷售明天就要餓肚子了，那時就算硬著頭皮也得上街頭去跟陌生人談話，請他們向你購買商品。

不過我認為「**舒適圈外好事多**」，很多美好的事物都發生在舒適圈之外，所以要勇敢的跨出舒適圈。當你願意跨出舒適圈，你就會發現「**舒適圈越跨越大**」，因為你擁有更多解決問題的能力；相反的，如果你習慣待在舒適圈裡，你會發現「**舒適圈越待越小**」，逃避的問題會透過其他方式再次纏上你！

身為重點培訓的儲備幹部，業務銷售相對來説只是入門功夫，更需要學習的是，如何讓自己即使被丟在一個全然陌生的戰場，也能快速適應，且在面對挑戰時，就算是初次經驗，也

能快速從過往經驗裡，找出最適合的可行性方案。我的培訓資歷，包括了輪調過許多分行，最後才來到總行，幾乎可以說體系內不同崗位的職務，以及北、中、南各地員工的每日職場作息，我都親眼看過甚至親身經歷過。

這樣的我，最終才有機會進到總部，用全方位的視野來擔任決策分析及規劃者。

企業內的類斜槓

在此，我也要分享另一種斜槓思維。現在我們聽人說起斜槓，多半是在社會上不同的稱謂及專長，例如我現在就是這樣的斜槓，我擁有金融培訓專業，也擁有播客、部落客、作家等身分。

但對年輕人來說，其實還有另一種「類斜槓」的模式，這種模式，幸運的話公司制度就會培訓，例如我本身案例就是如此。即便公司沒有完善的進修培育機制，自己也可以設法爭取，或者透過主動參與幫忙的方式，讓自己能者多勞。

所謂「類斜槓」，好比說當你拿出名片，上面印的頭銜是某某銀行的業務副理。但同樣是業務副理，有的自始自終只待過同一個單位，思考模式也變得單一；有的則是輪調過不同單位，思考模式也比較多元。

例如我在銀行的斜槓是，我懂業務開發、網路行銷、金融商品規劃、市場數據分析、個人金融理財諮詢、各類金融工具

操作實務、房地產暨相關稅務等，對主管來說，我的斜槓經驗有助於策略規劃及商品開發，才不會想到 A 卻漏了 B；對客戶來說，當他們請教我各類的資產配置時，我可以同時提供資產與負債的完整建議，幫助他們做到實質的財富提升服務。

這才是真正的斜槓。

當然，我是以金融體系為範例，相信各位讀者所處的領域中，可以斜槓的範圍絕對比我更多。例如你在貿易公司，可以學習行政方面的書信來往、訂單查核，也可以培養業務方面的詢價報價、商業談判能力；如果你在餐飲業，你可以學習基礎的端盤洗碗、收銀結帳，也可以培養進階的流程優化、動線規劃能力。

上天給我們的人生劇本是無限的，但我們給自己的人生劇本卻往往是設限的。例如同樣是上班，有人上班最關心的就是「下班」，有人則一心念著這個月的薪資以及下個月的房租。

但如果多用一點心，特別是像臺灣的中小型企業，許多企業都沒有很制式的組織編制，年輕人可以有很多發揮空間，老闆也不一定會指派明確任務，唯有主動積極的員工，才有機會接受更多任務與挑戰，最後發展也比較沒有上限。

你是斜槓青年嗎？先不要好高騖遠去想著可以再兼什麼工作，也許自己現在所處的企業內部，就有諸多事務等你發揮專長。等你在企業內修練成功，到時候要再往外拓展，也會更加有本錢及實力。

成長時期的轉型

接著來分享我的成長經驗，我一來並非天資聰穎，二來出身環境也沒任何的政商背景，事實上，我小時候成長在比較清寒的家庭。當年的我，甚至是比較自卑的，我的個性內向膽怯，直到大學三年級以前都是如此。

印象深刻的是，我在學生時期什麼東西都不能買，也不敢買，人家參加校外教學或迎新宿營，我只能苦笑著說有事無法參加；人家唱 KTV 狂歡，我也只能尷尬說自己沒興趣；人家約我上館子吃飯，我不好意思的跟他們說，晚一點要趕去其他地方上課，所以買個便當會比較合適。

我知道我可以向父母親要零用錢，也知道我寒暑假可以打工賺錢，但如果能夠省下多一些錢，或許就能幫父母多分擔一些辛勞了。

我的爸媽當時是在菜市場擺攤，賣著現代人看來比較舊式的內衣褲和衛生衣，收入很不穩定。為了不帶給家人負擔，我從國小就設法讓自己爭取到老師贈送的文具和課外書。國中開始就設法讓自己爭取到獎學金，所以在學業方面，我都非常認真勤學，也因此可以一路念第一志願，並且都靠著學雜費補助，最終念到了臺大。

然而我的功課雖好，個性卻太過害羞。每當我和學生時期的老同學見面時，他們對我如今的形象都大吃一驚。因為如今

的我不僅經常以講師的身分授課，甚至還搭上最夯的 Podcast 節目趨勢，成為一個用講話分享專業的節目主持人。但我直到二十歲前都非常內向害羞，講話也都顯得有些畏怯。

這也是我想和讀者分享的，人絕對是可以改變的。當年的我隨著即將步入社會，也警覺到如果想要在人生有一番成就、想要出人頭地，就不能再如此害羞。為此我做出了很大的突破，我立誓要改變自己！

於是，我做了一個連個性開朗外向的人也不一定敢做的突破，我刻意去參加英語演講比賽。

我不但主動參加「Toastmasters 國際英語演講會」，逼自己從臺下發抖的那個觀眾，一次又一次挑戰自己站在臺上對著不認識的觀眾講話，甚至還參加了地區性的幽默演講大賽，身穿超人裝在臺上唱著歌，並分享自己的故事，還成功的讓臺下觀眾哄堂大笑。

此外，我也參加了扶輪青年服務團（簡稱扶青團）。我不僅在社團擔任重要幹部，每個月要舉辦超過兩次的活動，還要與扶輪社的社友互動，這些社友都是企業老闆、超級業務員或者公司高階主管。

身為一個二十多歲的毛頭小子，如果想要和他們對話，甚至說服他們掏錢贊助活動，就要想辦法使盡渾身解數才能做到，也因此，我在短時間就有了大幅度的改變。

我甚至挑戰了業務銷售工作。

就在大三那年，我接觸了組織行銷，學習陌生開發與銷售、團隊建立與激勵等。以事業結果來說，我是失敗的，我的組織沒有做起來，但以影響力來說，卻是很大的。為什麼呢？這是因為透過大量的業務訓練，搭配社團的公眾演說及活動舉辦，我逐漸從一個內向害羞的小男孩，蛻變成比較正面自信的大男孩。

我相信如果沒有經歷過那段過程，當我去參與銀行儲備幹部甄試時，可能在第一關就被刷掉了。此外，大三那段過程中，也讓我擁有第一張拓展斜槓的證照，我取得了國際合格芳療師證照，也開始嘗試經營部落格，當年雖然不算成功，但也幸虧有當時的努力做基礎，一步步邁向如今小有名氣的部落客。

實力是被操出來的

可以說，我在經過社會歷練前，就已經自己勇敢經過一次轉型，所以才有後續不一樣的人生發展。年輕朋友們，我也鼓勵你們，不要等外界已經發生了變動，自己才被迫改變，最好是能趁年輕時主動追求自我提升。很多人都會抱怨說沒有遇到機會，但我認為當好事降臨而你已準備好，那才是機會，否則只是浪費。

假定明天你有個機緣，被邀去跟世界首富比爾蓋茲或馬斯克吃飯，你有準備好如何跟他們講話了嗎？你有什麼特殊長

才或者心中擘畫的願景藍圖嗎？如果他們願意給你一個事業戰場，你有本事扛得起來嗎？

改變也不是那麼難，依我的經驗，想要成功，雖然必須具備很多的技能及社會歷練，但有一個最基本的項目是你可以趁年輕趕快培養的，那就是說話能力。我並不是要讓你變成舌粲蓮花的人，但至少要讓自己的口條清晰，敢於站在臺前發表意見，如果你不站上臺，人家怎麼看得見你？如果老闆要聘用人才，也是會聘用那些肯勇敢表達自我的人。

除了講話訓練，另一個我要特別強調的學習是經驗學習。我知道年輕人都喜歡打工，既能賺錢又能培養不同於課堂上的生活經驗。但我想請大家問問自己，這個工作對自己的意義是什麼？不該只是為了賺錢而已，畢竟打工賺的錢都不多。

例如你為何去便利商店打工？如果除了賺學費外沒有其他目的，這樣的打工我就不太鼓勵。但如果你說你想去認識一家商店是如何做好存貨管理，以及便利商店的商品陳列學，那樣就意義不同了。

我認為打工時期要思考的事情是，這個工作可以帶給未來踏入社會的我什麼累積性的幫助，因此我在學生時期就選擇了業務工作。此外，我還透過參與扶青團，主動和企業家們接觸與學習。

說起來，改變真的不容易，必須要下定決心逼自己成長。舉一個實例，我大三開始就主動練習講話，也有幾次的上臺經

驗。但事實證明這樣還遠遠不夠,我當年報考研究所時,口試並沒有通過,原因正是我在教授面前緊張到頭腦一片空白,講話語無倫次。因此我只好先去當兵,退伍後才考上研究所的。

這回考上研究所的背後原因之一,是我再次經過講話訓練。因為服兵役時,我擔任的是陸軍野戰步兵少尉排長,在那樣的環境下,我不講話也得講話,背上值星官那條紅帶子時,得在野外寒風中,不靠麥克風對著兩百多位士兵下命令。實力是被操練出來的,我認為這道理對任何人來說都是一樣的。

拓展具備綜效的斜槓

接下來就進入斜槓主題吧!我的一個外號叫做「喬王」,名字的緣由,第一,我的英文名字是 Joe,而姓氏是 Wang;第二,說起「喬」,可能會讓你想起「喬事情」,不過我喜歡用另一種觀點來解釋,那就是「讓資源對接」,「喬」就是既能掌握各方資源,又能讓這些資源充分連結及發揮綜效。

我的「喬」功基於我的平臺,某個角度來看,我應該是「平臺王」而不是「喬王」,因為許多時候,我的平臺可以讓不同領域的朋友接上線,但我不一定要事必躬親參與協調。

我是如何斜槓起來,並且搭建各類平臺呢?我初入社會不久就年薪超過百萬元,並且在人人稱羨的大銀行服務。但我認同一個道理,那就是「付出者收穫」,因此一開始我的斜槓並非利益導向,而是秉持著幫助人的精神先付出,後來才有了額

外的收益。

第一個斜槓項目是擔任講師，那是真的由業內拓展到業外，一開始我只是為了想讓業績有些突破，但又不想依循傳統的電話開發或大樓拜訪，所以除了和客戶一對一的諮詢之外，還代表銀行進入外商公司內部舉辦理財講座，進而開啟了一連串的公司和學校演講機會。

也就是透過這麼多的分享，許多人不僅學習了金融實務，也認識了我這個人。透過人脈串聯，我漸漸發現，越來越多理財新手會找我諮詢理財和房產方面的問題，所以我初期與幾個好友聯合開課分享，後來逐漸發展成收費的專業課程。

第二個斜槓是線上課程講師，這項專長是奠基在我多年來的部落客專文分享及實體課程教學。總之，我透過文字與講座，已經在網路世界的房地產領域有小小的名聲，也因此吸引到全臺最大的線上課程平臺「Hahow 好學校」主動找我洽商合作事宜，我也在該平臺建立了第一個房地產線上課程。

為了這門課程，我錄製了五個章節、二十四個單元共219 分鐘，我的線上課程學生不只涵蓋臺灣的北、中、南，乃至於海外都有我的學生。2021 年，我也推出了第二門房地產線上課程，截稿至今，已有超過 1000 名忠實的線上學員。

第三個斜槓項目，是前面多次提到的部落格文章，一般傳統觀念可能認為，部落格只要設法讓自己流量夠大，成為某方面的達人，那麼業者就會付費請我們寫業配文。

　　其實那只是部落客的其中一項獲益模式而已，如今的模式結合了更新的網路技術，可以增加更多的商業模式，包括了單純的廣告版面曝光、聯盟行銷等等，事實上，我們也不太常寫業配文，因為一旦讀者看出你的商業廣告色彩太重，你是會失去公信力的，這樣反而得不償失。

　　以上三個斜槓項目，後來都各自帶給我業外收入，許多還是長期的被動收入，例如部落格文章與線上課程，這些內容一旦完成，粉絲在今年、明年乃至五年後，都可以隨時閱讀或收看，我也都持續有收入。

　　但對我來說，以上三個斜槓項目只是我事業的「基底」，真正帶來爆炸性影響力的，是將不同平臺的資源媒合，那樣創造的綜效才是影響深遠。

自己斜槓也助人斜槓

　　何謂綜效？當 A 事物單獨存在，可以發揮 100 分的影響力；B 事物單獨存在，也可以發揮 100 分的影響力，但 A 和 B 結合，可以發揮多少影響力呢？是 100 ＋ 100 ＝ 200 嗎？實際上，若媒合得宜，甚至可以發揮 100 × 100 等於萬倍的影響力。

　　當然，媒合的基本要件是關聯性，若彼此南轅北轍的項目硬要媒合，雖然也可以帶來新的客流，但除了量的提升，較少能夠帶來超值的倍數影響。但我的平臺，包括上述的三個斜槓

平臺,以及我的本業金融也是個平臺。

這些項目是有共通性的,並且一環扣一環,第一個共通性是金融,會來我平臺的朋友,銀行端不用說,都是有理財需求,其餘三個平臺,不論是實體課程、線上課程或看我的文章,都是對財務相關知識有所關係的,因此這可以產生第一層連結。也就是說,某個朋友可能因為來聽我的演講,進而參與我的課程,或者來找我諮詢而成為銀行的客戶。

但更重要的是第二層影響,這些對金融理財有興趣的朋友們,本身來自各行各業,他們有的來自傳統產業,有的來自竹科,有的是律師,有的是軍公教人員。在來到我的平臺之前,他們本來是各自獨立的個體,但經由我的平臺一方面認識同好,一方面也交流彼此的專業。

於是我也運用我的平臺,我打造專屬的播客節目《斜槓槓槓槓》,基本上看來,播客主要是傳達理念,不算是我的主要收入源,但卻因為這個平臺,我也為上述這些各自不同領域的朋友打造舞臺,例如我經常邀請不同領域的朋友上我的播客節目接受專訪,也為他們做行銷發聲。

就這樣,我不僅讓自己斜槓,我還設法幫助別人斜槓。

身為「喬」王,我熱愛我的工作,並以能夠像這樣幫助別人而深深感到快樂。

// 喬王的斜槓指引 //

我想要跟讀者強調的原子習慣，有兩個重點：

1. 趁年輕，趕快突破舒適圈

從 2020 年開始，臺灣流行一個術語「超前部署」，簡單來講，就是提早為未來做準備。但這其實是人人本來就該做的事，例如身為大學生，雖然本分是讀書，但如果行有餘力，我會建議多接觸課業以外的世界，不管是在社團擔任幹部，或者是校外實習，都是培養斜槓的好機會。

我們應該要先深思自己未來想成為什麼樣的人（BE），接下來再思考要做什麼（DO），最後才能擁有自己想要的一切（HAVE）。

譬如說：我想成為一個可以鼓舞他人理財的教練（BE），我需要先衡量自身現在的實力，如果我現在不會溝通也不擅長理財，那麼就要透過學習（DO），讓自己擁有這樣的能力（HAVE）。

但很多人都是先盤點自己擁有的一切（HAVE），發現自己沒有這方面能力和資源，於是只好將就，做著自己本科系的工作（DO），最後過著不滿意的生活，得到一個不喜歡的身分（BE）。

2. 要懂得抓住綜效

所謂斜槓，絕不是東邊打工、西邊也趕場打工的概念，如果只是把自己操得半死，每件事卻只是占用自己寶貴的時間，那樣是無意義的。

好比我的不同斜槓項目，彼此可以相互支援，有人因為看我的文章而聽我的節目，或來找我諮詢服務。你是否也可以結合你的專長，橫向或縱向打造斜槓環節呢？至於具體作法，就要靠自己深思囉！

有機會也歡迎參與我的任何平臺，跟我一起交流，可以協助你拓展斜槓人生。

補充概念：

如果你的家境跟我一樣不是那麼富有，那麼我希望你能把它當作一種幫你向上躍升的力量。我的危機意識特別強，所以從大學時期就會積極去挑戰自我，出了社會也會在本業外積極發展斜槓。

樹的方向，由風決定；人的方向，自己決定。所以，找到自己的定位很重要，別讓別人決定你的人生，也別讓別人決定你的位置。放在對的位置，你就是人才甚至是天才；放在錯的位置，你就變成奴才甚至是蠢才。

遇到困難時要如何克服？我會先調整心態，提醒自己困難只占人生的一小部分，不要放大自己的恐懼，接下來會尋求資源或人脈，盡快幫自己找到解決方法。

賺錢管道其實很多，但千萬別因為別人賺錢看起來很輕鬆，就開始盲從和跟風。先從自己的天賦和興趣開始，培養「依據成果獲得酬勞」的能力，最後再發展出持續性的收入。

—— **作者個人連結** ——

喬王房產個人介紹：https://lihi1.com/ScQK8

喬王音頻個人介紹：https://lihi1.com/WWMkM

拆解預售屋
幫你買對房子不踩雷

報名預售屋線上課

這門課你將會學到

· 即使房市新手也能合理評估預售屋價格
· 了解樣品屋「千萬別忽略」的眉眉角角
· 一次搞懂建商/代銷的議價心法
· 小心！房產契約的魔鬼陷阱
· 三步驟找到夢幻房屋的關鍵
· 教你找到預售屋的第一手知識
· 買房之前你必需準備的功課
· 五個規避買房糾紛與風險的撇步

由五星好評房產課程講師喬王，與知名房產播客安琪拉強強聯手合作，透過特別針對預售屋新手設計的課程，完整地拆解預售屋買房流程，讓你購買預售屋時更加得心應手，避免踩到預售屋的地雷，讓買房計畫變成痛苦回憶！

講師 安琪拉

● 科技大廠資深品牌設計師
● 知名桃園青埔房產部落客
● 設計師愛看房Podcast創辦人
● 各大新聞媒體 - 房產專欄作家
● 幫助數十名首購族買到理想房子

講師 喬王

● 台大經濟系 / 台科大科管所畢
● Hahow好學校房貸課程講師
● 斜槓槓槓槓Podcast創辦人
● 各大新聞媒體 - 房產專欄作家
● 國際理財規劃師 / 金融師認證

懂得聚合人才及資源，你的人生無限精彩

/ 原子議題 / 如何在有限資源下，跟隨時代趨勢，打造事業新境？

/ 關鍵思維 / 比別人多一點用心，多一點創意，多一點付出，你就會創造不一樣的結果，甚至你還可以開創歷史。

東森購物行銷部資深經理 /Grace

斜槓核心：資源整合及聚眾

斜槓身分：

東森全球跨境電商高階領導／東森集團官方講師／金融理財諮詢師／兩岸商務專家／直播主網紅部落客講師／社交電商資深教練／廠商創業輔導顧問／草莓網跨境美妝品牌全球代理商／精品店老闆／房地產投資達人

十幾二十年來，我的許多人生里程碑，
植基於一個當時的無心插柳，
最終引領我邁向新的發展領域。
我是臺灣第一個將精品導入網購平臺的人，
但當年我其實尚未熟悉網路購物經營模式，
我曾一個念頭，改版新款的孕婦服上網，
一個上午狂銷兩千件，
但我當年主力是在傳統實體店面。

回想過往走出的每一步，
如果沒有嘗試去做有別於過往的改變，
就不會有後來的欣欣向榮。

改變，是我一生持續面對的挑戰，
每一次新的突破，
代表著另一段新的學習歷程，
我很感恩一路以來總有許多的貴人扶持，
讓我一邊成長，一邊貢獻這個社會。

▍豐原鄉下的小大人

　　我是個很注重和諧、喜歡美麗事物，也喜歡行事低調的女孩。但在學習成長的路上，卻往往因為面對環境帶來的挑戰，讓我不得不去接住命運丟來的球，我就是會想方設法去迎戰。然後不知不覺一回首，怎麼我又是那個站在先鋒的人？後頭還有一群人等著我來引導。

　　說起來我算有點早熟，雖然如今的形象及外表，可以代言駐顏有術的保養商品，而且一點也不違和，但小時候的我卻剛好相反，小學年紀我就一副小大人的樣子。甚至小學五年級那年，我就可以號召村里孩童跟我一起「拚經濟」。

　　那時我住在豐原鄉間，寄住在阿姨家，母親和繼父正在創業維艱的階段，長年在外地打拚，而阿姨家本身還有四個孩子要養育，食指浩繁，因此我們的生活狀況有些拮据。平日連想吃點零食都是奢求，記憶中，我連舔到鹽巴都覺得是美味。

　　因為這樣的背景，也刺激年紀很小的我，提早去思考跟「賺錢」有關的事，我會用心留意哪裡可能有錢。

　　例如我看到屋內有許多不要的玩具，因為表哥、表姊他們年紀相對大我許多，已經不玩那些東西了，我就興起可否「廢物利用」的念頭，於是拿著那批玩具去附近鄰里兜售。像是我如果看到有阿嬤正在照顧孫子，就會主動上前去問，這裡有可愛的玩具，要不要拿給乖孫玩，只酌收一點零錢就好。

小時候我就透過這類方法，賺取自己的零用錢。

小學五年級暑假時，我則是靈機一動，因為看過其他人在客廳從事手工藝代工，覺得自己也可以做。但年紀小且動作也不快，可能一天也做不了多少怎麼辦？我就想到，我可以組成「團隊」啊！畢竟在暑假期間，我看其他小朋友也都「不幹正事」，在那邊欺負貓貓狗狗，或是在田裡玩泥巴虛度時間，我就以大姐頭般的架式，號召眾小朋友們，隔天早上八點半準時在我家門前集合，一起來「賺錢做正事」。

讀者也許要問，其他小朋友為何那麼聽我的話，還真的都乖乖來？答案是因為當時我就擅於做包裝，我號召大家來玩一個「體驗上班族」的遊戲，告訴他們爸爸、媽媽每天出門工作很辛苦，我們要不要也來感受一下那種辛苦？我當時還有模有樣的分派「職位」，你當總經理、他當課長、小珍當科長⋯⋯等等，大家就集合在一起做手工藝，連附近的大人們看了都嘖嘖稱奇。

就這樣，我小學五年級就已經懂得開創新的商業模式，藉由「資源整合」賺取工錢，以及理所當然的，我會向其他小朋友「抽佣」。

話說回來，當時手工藝工廠還對我真夠放心，竟然願意批貨給我這個年紀才十一歲的小女孩。

▌感恩我的嚴格繼父

　　我喜歡動腦，也總是很積極的去執行不同階段的事業以及人生使命。但一個人不能永遠單靠自身的聰慧和意志，就想要改變世界。成長的過程，第一需要團隊，第二需要貴人。

　　我一直很感恩身邊總是有貴人提攜我、教導我，他們是引領我邁入人生新境界的關鍵。而在所有貴人中，很早就出現我生命中、也持續帶給我生涯指引的，就是我的繼父。

　　大約在我讀國中時期，長期在外地打拚的媽媽和繼父，終於闖出一番成績，那年開始，我就跟妹妹一起搬回爸媽身邊，全家人定居臺北。我的繼父是個很有智慧但也很嚴格的人，他不管再怎麼忙，總不忘照料我們的生活起居，並且總是會藉由生活經驗考驗我們。

　　例如搭電梯時，他會問我：「咪醬（我的乳名），你知道搭電梯要先按開關還是先按樓層嗎？」多年的經驗下來，我已經知道繼父問問題不會只是聊天，而是要指引我人生智慧，我會想一下再回答，然後說：「先按開關再按樓層。」

　　果然接著繼父就會問我為什麼，我的回答是：「因為按開關後電梯已經啟動，這時再按樓層都來得及。」繼父就會滿意的下結論：「對！我們永遠要了解時間寶貴的重要。」

　　直到今天，繼父的許多話都成為我在人生戰場打拚的座右銘，像是他耳提面命的「做什麼，像什麼」，這句話也是我的

終身圭臬。我做一件事就會想方設法做到最好，這讓我日後不論從事什麼工作，總是帶給老闆驚喜，因為我的付出永遠超出上級的預期。

當然，對小孩子來說，有時候跟繼父在一起也真的很有壓力，像他可以不厭其煩的花一、兩個小時陪我和妹妹用餐，分享寶貴的人生道理，但身為小孩子的我們，其實只想趕快吃完回房間。

等到我年紀更大一些，更發現繼父對我有很深厚的期許，並且表現在他的因材施教上。也就是說，他只對我嚴格管教，平常也總是會出考題考我，但他對妹妹卻比較寬容，讓我覺得有些不公平。難道只因為妹妹比較會撒嬌就相對疼愛她，而對我永遠是「愛之深，責之切」嗎？

有一陣子我很怨他，那年報考大專院校時，我興匆匆的去投考華岡藝校美術科，因為從小我就喜歡畫畫，但繼父後來卻要求我申請退校，他要求我必須去念商科，讓我最終不得不去讀我當時不喜歡的商業管理科。

甚至直到我都已經二十歲了，他還嚴格關心我的工作，我初入社會本來第一份工作是去幼兒園當老師，我也去報到了，他卻再次介入了我的選擇，還痛斥我年紀輕輕就選擇安逸的工作，不思長進，還規定日後我找的工作一定要經過他核准才能去上班。

假定這是一齣電視劇，我的繼父可能會被描繪成一個「過

度干預子女生活的控制狂」，但其實他只針對我的人生大事才會做出非常的舉動。日後回想起來，我的繼父真的很關心我，因為他的強制督促，讓我不得不選擇相對來說比較「不安逸」的職涯。

人因困頓挑戰而成長茁壯，後來也因此成就我在不同事業領域的不凡成績。

帶來重要學習基礎的協會歷練

說我有「不凡」成績，不是我驕傲自誇，但我的確總是嘗試著在職涯不同階段，做點「不一樣」的事。往往這些不一樣，一方面提升了公司的業績，甚至突破大家對該產業的舊思維；二方面也讓我自己的實力被看見，因此我在三十歲以後的人生，幾乎都是被大企業挖角。

我在念書時期其實就很不一樣了，當年雖然被繼父所迫，勉為其難去讀了商科，但個性還是有些叛逆的我，不久就試著轉系。我後來轉到紡織系，並且以修學分的方式去進修服裝設計，也在那時候，我接觸了很多跟時尚及趨勢相關的觀念，這對我日後長期從事服裝相關事業有相當影響。

此外，那些年我也學會了很多商業心理學、服裝心理學等技能，我也在那時候才知道，原來每年的服裝流行時尚，背後有深遠的功夫。早在前一年，就必須累積對所有時事的觀察分析，結合複雜的影響推算，最終才能定調每年的流行主色或流

行風格。

　　那樣的學習，不但讓我培養出勤於觀察，凡事盡量「事先預想」的習慣，也讓我做事總是設法先邁出一步，別人都在做的事不稀奇，而我總愛做別人尚未做的事。

　　進入社會後，第一個真正獲得繼父認可、而我也還算喜歡的職業，就是去協會服務。那四年的時光也是我唯一以基層員工服務的階段，我後來的生涯基本職能基礎，都是在那四年奠定下來的。此後，我的人生似乎變成走在前面，由我創造典型，而較少扮演跟隨者的角色。

　　雖然一開始我只是跟隨者、是基層員工，但我也想和年輕讀者分享，二十幾歲初入社會，與其好高騖遠，終日去計較誰的薪水比自己多，或哪個主管真討厭這類的事，不如用心去想，我存在這個機構擁有「什麼價值」？如果以十分做為總分，我如今的實力是幾分？要怎樣才能為自己加分？

　　簡言之，先不要想太多自己「得到什麼」，而要多以付出的角度想事情。具體來說，就是做事主動積極，可以做的事都盡量去做到最好，至於其他相關但不直屬的業務，若有可能，也努力讓自己參與。

　　我很感恩小時候的各種經歷，讓我有著「積極賺錢魂」，繼父長年的教誨，就好比我可以隨身攜帶的指引明燈。在協會這段歷程，我有幸認識來自各行各業的菁英，包含我二十三歲那年，就要負責接待企業典範嚴長壽先生，之後也認識了許多

企業家或是不同領域的專家。

我很快就從一個見習的助理，開始被賦予可以獨當一面的重任，其實從某個視角來看，我那年就已經在斜槓了。緣由於協會的特性，這本來就是一個不同於傳統企業制式組織的工作，基本上協會的運作模式可以很多元，並且本身就是一個平臺，匯聚了不同的專業人士，也匯聚不同的觀念及商機。

我那時參與了培訓課程規劃、經理人講座、社交聯誼活動、國內外招商、政府補助專案以及刊物編輯等事務，我也創立了當年第一個跟祕書協會合辦的祕書培訓班，總共辦了十五期。

協會工作除了建立我所有的商業基礎，包含如何簡報、如何製作商業文宣、如何招商、如何與人洽談等基礎實務外，也因為在協會服務的機會，我了解更多人脈和資源整合的重要與趨勢的掌握，當我有機會轉換跑道時，就刻意選擇符合時代趨勢的項目。也因此，我後來進入電子商務領域，直到今天，這都是我的專業強項。

從電子商務到自行創業

從我二十幾歲開始的職場經歷，也約略等同臺灣網際網路的發展歷程。幾乎每個階段發展我都有參與見證，包括協會時期，我身處臺灣重量級的培訓機構，會接觸許多電腦及網路相關觀念。之後我正式進入電子商務公司服務，首創將精品導入

網路銷售。再之後我就開始去臺灣知名的網路平臺服務，也經歷了網路銷售從小眾逐漸變為主流，後來又蓬勃發展、開枝散葉，發展出不同類型。乃至於從線下到線上，之後是 OtoO，以及跨境整合的多元銷售模式等等。

在此不和讀者分享職場流水帳，只簡單介紹幾個重要的里程碑。離開協會後，我到電子商務公司任職，並且頗受重用，可以將創意發想直接付諸實行。我跳脫傳統思維，主動去拜訪精品店家，鼓勵以限量發行的模式，首次上網銷售，並且和知名時尚雜誌異業合作，不需付廣告費，而採取銷售分潤模式。

我們本來只是較小型的網路平臺，經過那一次精品銷售一炮而紅，從此改變精品銷售的生態。就在那年，臺灣金融體系轉戰電商平臺所創立的 PayEasy，就直接學習這套方法，並擴大合作，找的就是當年我洽商合作的那個精品品牌。

其實我當時一心只想為公司創造更多業績，之所以找精品商合作，只是想導流名牌，以增加公司的知名度。對於網站的商業經營並不十分熟悉，也沒那麼有興趣，因此我後來自己創業，走的依然是傳統的店家銷售路線。

說起創業，我也算很年輕就創業了，那年我才二十六歲，雖然以結果來說，那一回的創業算是失敗的，最終以虧損兩百萬元收場，但卻是一個難得的經歷。如同我往後職涯的每個新商機，總是基於前一段工作的某些資歷，我創業那段日子，也讓我後來有機會到大企業擔任高階主管。

　　第一次創業時，如同許多女孩子創業會選擇的領域，我開設了女裝店，不過我的主力不是零售商，而是成為批發商，向我買貨的客戶，是北區不同商圈的店家。

　　在我任職協會期間，由於經常跟祕書長出國，最常去的地方是中國，不但了解了海外的發展現況，也因此跟當地出貨商建立鏈結。我以此做為契機，後來從中國引進貨源，在臺灣賣衣服。之後更開拓了韓國市場，長期從韓國引進流行服飾，當年我創業據點就是在新北市永和的中興街，也就是如今所稱的「韓國街」，我賣的服飾對小資女孩來說，算是挺時尚的選擇。

　　有兩、三年時間，我的店務欣欣向榮，也有了更多固定向我進貨的客戶，那時我也逐步累積了一些財力。然而，人生太平順也不好，以另類思維來看，我後來生意失敗也算好事，那時我還年輕，可以禁得起考驗。

　　那是 2003 年，SARS 帶來了各大產業的寒冬，對我們這種從事民生消費品生意的人來說，感受非常強烈。在極短時間內，我從雲端跌到谷底，原本的進貨商大半都倒閉了，訂單不再，我被一堆庫存壓得喘不過氣，每天一覺醒來，就在愁煩著要怎麼周轉資金。

　　然而就在當年，有了一個無心插柳的轉機。我那時懷孕產期將至，大腹便便的我，原本只是為了自身需求，打算從韓國買了一款孕婦裝，那款孕婦裝的設計不錯，但是單價很高，

於是我就以紡織設計本科的功力，自行設計改版成臺灣的新款式，並且放在網路上試水溫，沒想到才短短一個上午就爆大量，收到了超過兩千筆訂單。

那算是一場及時雨，我後來趁進帳還可以的時候，最終把店面售出了結，算一算賠了約兩百萬元。

這回的事件讓我親自體驗到市場風險，知道原來危機可能突然發生，也了解傳統的商業模式有其侷限。

在電子商務領域的歷練

就這樣，我自己當過老闆，累積了時裝銷售的實務，以及身為一個經營者的財務思維。而在電子商務領域方面，當時雖然並非我的主力，但幾年間我也持續關心，至少還跟得上時代脈動。

我總說所有的努力都不會白費，曾經的歷練，終究可以在未來帶來某種關聯。隨著各大網路平臺興起，我將店務收拾後不久就被挖角，去到至今仍是臺灣主力網購平臺的 PChome 上班，並且很短的時間內，就從一個專案企畫，成為女裝部門的負責主管。

我的成長突破，依然來自於總是愛做點不一樣的突破，背後關鍵依然是萬變不離其宗的「資源整合」。

我覺得能夠將不同的資源匯聚，創造雙贏甚至多贏，這件事實在太有意思了，即便至今我的生涯又歷經幾次轉換，我依

然樂此不疲，有機會總愛做資源整合。

在 PChome 工作的那段期間，我的實績是將原本被視為非主力的商品，一舉做出成績來。我一開始負責的是童書、童裝，後來變成庫存品這類的商品，我總是靠著創意巧思，一次又一次的打造不可能，讓一些原本滯銷的商品賣了出去。

PChome 如同大家所知，最開始是一個主力放在 3C 用品的網路平臺，但我後來打造出一個讓大家跌破眼鏡的事蹟，竟然將女裝事業做了起來，成為當年度銷售業績最好的品項，這也讓公司開始重視起非 3C 產品的銷售。

隨著網路商機越來越明確，全臺各大網購平臺紛紛興起，我後來就被剛成立的 MOMO 購物網挖角，再之後又被遠東集團的 HAPPY GO 體系挖角。總之有超過十年的時間，我成為各大網路平臺的戰將，相信各位讀者在過往的網路購物經驗中，都可能參加過我舉辦的促銷活動，或從我服務的平臺中購買商品。

再之後，我受到一個跨國平臺的禮聘，擔任「LisaLisa」這個日系女裝品牌的臺灣區營運。當年這個平臺也做得有聲有色，只是後來碰到「釣魚臺事件」，大陸群起抵制日貨。LisaLisa 原本就是陸資企業，做的正是日系商品，因為那次的危機，最終黯然結束事業。

然而，人生到了某個時間點，我已經不再憂煩一般人會關心的「生計問題」，我比較關注的是，我做的事是否對這社

會可以帶來正面影響，特別是當年 LisaLisa 創辦人，一個優雅美麗的實業家，她所做的很多事都是基於善念，這也帶給我相當多的啟發。我也因此更加專注在斜槓生涯的經營，人生從四十以後變得更加豐富多樣。

▍生涯提升的關鍵

分享了我那麼多的豐功偉績，主要還是要跟讀者分享我做事的態度，以及我在職場上的體悟。雖然我從小就立志要賺大錢，但如今的我，反倒做任何事業都更著重在「利他」和「成長」，賺錢多寡反倒是其次了。

我發現每次在職場上的提升，都跟兩件事有密切相關：

1. 跟創意有關

什麼是創意？當一件事變成普及甚至成為業界常態時，大家可能覺得沒什麼，但在最初的時候，一定要有人想出那件事，並且不只是「想」，還要能落實去做。

2. 跟資源整合有關

我相信這世界上有很多的天才，有很多的能人，但不管這些人再怎麼能幹，一個人的力量依然有限。我自認不是那種天賦異秉的高手，所以更需要透過資源整合來發揮綜效。

結合以上二者，使我在人生的不同階段都能創造驚奇。例如我在電子書剛問世後不久，某年參與國際書展，就帶著公司資源和主辦單位談判，最終我們不但得以免費在書展會場設攤，並且提供所有參觀者一個首次免費加入的線上主動扣款回購機制，創造多贏局面。那回的經歷，也對後來電子書發展帶來了一定的影響。

隨著職涯經歷越來越豐富，我發現我越來重視「聚眾」的力量，我的每一個斜槓，也都跟聚眾效能有關。

畢竟人壽有限，你就算是學習力很強，這世間若有一百個學問，難道你就要按部就班，先學 A、再學 B、再學 C……，把這一百個學問都學過嗎？這樣太沒效率了，以自身學習成長自然是不錯，但若以對社會貢獻來看，等到年老了才學會，那樣的意義就變得很有限了。

但如果你現在就能夠把懂 A 的人、懂 B 的人、懂 C 的人聚在一起，不僅聚在一起，甚至讓本來的 A 變成 A$^+$，本來的 B 變成 B$^+$……等，這樣不是更好？

也因此，我如今所投入的幾個事業都跟聚眾有關，這也是我斜槓的核心理念。

- 我以整合資源的專業，在知名電商平臺協助輔導廠商創業，輔導部落客、網紅、團媽與廠商合作，經常做的就是供需的媒合及跨領域資源的整合。
- 我是草莓網跨境美妝品牌全球代理商、東森集團的高

階經銷商，同時也是東森官方講師。這兩個平臺主要是經營火紅的社交電商，將食衣住行、吃喝玩樂分享分潤，也提供各產業資源整合、線上線下虛實整合帶來更多元的綜效，但我認為更大的效益，其實就是「人才綜效」。

- 其他的斜槓，包含我以召集人或參與者身分，聚眾以投資或技術入股的方式，我也是一些精品店及投資事業的合夥人或股東，其中包括了房地產和不同的金融品項。
- 我同時跟擁有超過五千位網紅的經理人合作，進行全方位自媒體人才培訓，協助年輕人增加更多專長，啟動斜槓收入，曾輔導過數十位小資女成功擁有超過七項的斜槓收入。

從前有人稱我為「電商女王」，我在電商平臺長年打造出上億的業績。但我更愛現在夥伴給我的身分「太自由女神」，希望人人都能透過天賦共好，人才、資金、專業都能有效的整合。我現在主力服務的東森全球，就能做到這樣的整合合作，也希望將來有機會透過平臺對接，與讀者朋友建立共好雙贏的生涯商機。

//Grace 的斜槓指引 //

關於我的斜槓分享，除了前文中提到的重要實戰經驗，包括創意以及資源整合的重要，最後我想要跟讀者強調的是態度觀念方面的東西。我想分享的原子習慣，有兩個最大重點：

1. 尋找生命中的導師

以我的人生歷練來看，導師真的很重要，在人生不同的時間點，如果不是繼父的教導，如果不是某些單位長官的開導，如果不是某些老闆願意花時間指導，我其實都可能走向不同的道路，例如我可能一畢業就當幼兒園老師，過著平凡的上班生活。

當然，職業無分貴賤，當老師也是好事，但以我來說，後來因為在電子商務等領域做出成績，也對社會有相當的貢獻，這樣不是更好？

2. 自律以及內省改進

曾經我也想偷懶，我也想「事情做到這樣就好」，但如果我總是以「及格就好」的標準看待任何事，也不能造就今天的我。

這也要感恩繼父從小對我的督促，後來養成我自律

的習慣，他帶給我的座右銘「做什麼，像什麼」，我終身奉行不渝。

　　態度對了，就好像汽車裝了方向盤，前進有了利他的標準，人生也有了方向。

──── 作者個人連結 ────

電子名片：https://lihi3.com/GNTT7

打造像環般的無限可能

/原子議題/ 如何在有限的時間，成就更有意義的可能？

/關鍵思維/ 世界上最寶貴的是時間，每分每秒都在支付時間，錢也買不到，因此要強調合作的重要。

宇鯨智能公司創辦人暨 AI 達人 /Kota

斜槓核心：時間管理以及 AI 效能

斜槓身分：

股票投資達人／ AI 公司創辦人／法拍屋投資專家／斜槓社群平臺召集人

我有一個習慣，
每年不定期翻閱過往的紀錄，
靜靜回顧這一路走來的成長軌跡。
如果覺得去年的自己怎麼那麼笨、怎麼那麼幼稚不懂事，
內心裡其實會很高興，
因為那表示這一年下來我又成熟許多。

對於未來該怎樣做才是最好，
這件事或許沒有一個標準答案，
但我會記住生命歷程總是處在改變中，
而我要永遠追求更好的自己。

▎關於人生的無常

生年不滿百,常懷千歲憂。

晝短苦夜長,何不秉燭遊!

爲樂當及時,何能待來茲?

愚者愛惜費,但爲後世嗤。

仙人王子喬,難可與等期。

——兩漢古詩

身為一個經驗豐富的資訊科技專業人員,我應該是一個很理性、很重視數據的人,但其實很多時候,大家眼中的我是一個總是若有所思、有著文學氣息的憂鬱男孩。

內心裡我很擔心一件事:如果有一天我記不住眼前的這一切,忘記曾經深愛過的人,忘記所有過往曾打拚奮鬥的足跡,忘記曾有的夢想抱負,那時候的我還剩下些什麼?

這是關乎阿茲海默症(即俗稱「老年痴呆症」)的焦慮。會有這類的焦慮,也是基於統計學的機率問題:我出生的家族,從外公、外婆那一代到我父母這一代,都有這方面的症狀,就現今人類的醫療技術來看,尚未能克服這種日復一日大腦逐步退化的病症。

探討下來,其實這是關乎「過程」的問題。畢竟以結果

來看，人都將走上死亡的那條路，甚至包括我們所住的這個地球，有一天也會消滅。那麼在那之前，如何好好擁有這一生的「過程」呢？

過程很重要，所以我認為生命最貴重的是時間，每分每秒都在支付時間，金錢也買不到，所以較為積極記錄、管理自己的時間。

印象中，爺爺的病症帶給我很大的衝擊。那時我雖然年紀還小，卻記得很清楚，當我陪著父親去探訪爺爺時，從頭到尾爺爺都認不出他自己的兒子，反倒一直把他當成是某一位鄰居，跟他聊著不知何年何月他自以為的仿若平行時空的「現在進行式」。

我後來成為一個對資訊運算分析很有興趣的人，也跟這樣的經歷有很大關係。從某個層面來看，其實人腦就是一臺超精密的電腦，有很多的神經傳遞位元，所以 AI 人工智慧以前被稱為「類神經網絡」。我投入這樣的領域，或許也希望有一天能透過科技的力量，做出對人類大腦的積極影響。

這樣的事帶給我另一個深層的影響，就是我非常珍惜人與人之間的情緣，因為我真的很有感觸，人生既短暫又無常。

記得二十幾歲時我在英國留學，有一天忽然接到通知，我的奶奶過世了，但由於洲際阻隔、交通不便，並且進行中的學

業也不太能臨時中斷，後來我只能透過網路連線的方式，參加奶奶的喪禮。那一天，倫敦的街頭一如往常人來人往，我卻一個人坐在星巴克咖啡，看著臺灣這端進行的喪禮直播。

恍神間，我忘了自己處在哪個國家，這世間有人生、有人死，當時還很年輕的我，思緒已經飄去神的國度了。

從那時候開始，我就決定日後工作要選在不要離親人太遠的地方。親人不一定常相聚，但有事的時候，我不想要再如此的茫然無助。

▌物理高材生的生涯困局

我出生在一個比較保守的家庭，父母親都具備公務員背景。所謂很保守，就以理財來看，在他們的認知裡，最好不要欠銀行錢，如果有貸款，越快還清越好。

不過他們雖然生活方式很傳統，倒也不會因此給予孩子太多束縛，身為家中獨生子的我，其實享有相當的自由，包括大學時期，我想買摩托車，他們雖會擔心叨念著交通安全問題，但最終還是買了一臺摩托車給我。所以基本上，我算是個可以很自主的人，這樣的我，也學會應該對自己的人生負責，不會碰到什麼狀況就牽拖給家人。

從小我算是很會念書、功課很不錯的孩子，升學之路也很順遂，一路念到臺大，後來也考上臺大物理研究所，在大家眼中算是位處人生勝利組，從某個層面來看，也算得上是光宗耀

祖的人。

　　但內心裡我其實有很多的波濤洶湧，我自認從來就不算是乖乖牌，念物理系並不只是靠著很會念書，而是我真的對探究事理背後的意義非常有興趣。然而興趣歸興趣，隨著年紀過了二十以後，也必須思考社會的現實面。

　　讀物理，未來出路是什麼？似乎不是走學術研究路線，就是去當個教育傳承者。另外，或許很多人不知道，像是台積電這類的國際知名企業，徵聘的不只是電機、資訊、資工之類的人才，以物理系來說，有很大一部分的人畢業後就是去台積電這樣的頂尖企業報到。

　　那時我就發現，無論是當學者、教書或者穿著白袍整天關在冷氣房，都不是我嚮往的未來。似乎直到研究所時期我才思考到，對我來說，「自由」是很重要的價值觀，這或許也和我所擔心的家族遺傳有關。

　　如果人終將變老，甚至人尚未很老就已經失智，那麼，將大部分青春寶貴光陰都綁縛在一個朝八晚八的工作崗位，日後有機會回首，一定會覺得很可惜、很浪費。雖然如此，年輕時我依然只能說出我不喜歡做什麼，卻無法明確找出自己「很想」做什麼？

　　甚至有一陣子，我差點就想去學拍電影，我認為自己搞不好還比較喜歡那樣的生活。但終究我這樣一路物理科學相關背景，完全沒有大眾傳播或影視技術基礎，後來還是沒法去念電

影學院。

想想，若當時依照我的一時衝動，真的跑去美國念影視相關科系，結果卻連英文劇本也看不懂，到時候前進不得，難以回頭，可能更糟糕吧！感性之餘，最後還是讓理性的頭腦占了上風。

無論如何，研究所時期我藉由參加電影社的活動，也廣泛跟非理工背景的朋友交流，接觸文史哲或社會學系的不同觀點，這也算另一種形式的走出舒適圈。藉由和自身過往不同背景思維的朋友交換意見，這是我喜歡的模式，也為日後創立社團及讀書會播下了種子。

臺灣最早一批接觸 AI 學習的人

影響我生涯的關鍵，在我終於找到一門想要更深入研究的科目，也就是 AI。那年是 2012 年，那時我有個強烈的念頭，如果有一天老來回顧，我學生歲月如果沒有出國深造，一定會很後悔，不要問我為什麼，這是價值觀的問題。

總之，當時我就認為出國拓展視野很重要，而且一定得在二十歲出頭就做到。甚至我是先有出國留學的念頭，其次才決定要念什麼科系，也就是說，拓展視野這件事還比取得某個專業學位重要，因此也曾經把電影科系列入考量。

然而最終我還是選擇了 AI 領域，當年稱之為「Machine Learning」，聽起來非常硬的專業，實則跟整個人類未來發

展趨勢有關。那時臺灣還沒有這領域的專業學科，我算是比較早接觸 AI 的科班碩士文憑者，也因此後來回國，便理所當然投入這方面的服務。

說起 AI，背後牽涉到的種種問題，不僅僅是科技，還包括了倫理價值觀。例如到今天大家仍在激辯，電腦有沒有可能擁有人性？甚至有一天完全超越人腦，把全人類變成奴隸，在許多電影裡頭也都有這類的情節，藉由導演傳達一種對機器人是否會失控的普世恐懼。

特別是那條震驚全球的新聞，也就是繼 1997 年 IBM 的超級電腦「深藍」打敗當年的西洋棋世界冠軍卡斯帕羅夫後，在 2017 年，人工智慧機器人「Alpha Go」對決五位頂尖的九段圍棋棋士，取得三比零全勝的戰績，AI 相關產業更被視為是站在科技未來的代表產業。

以這樣的歷史來看，我在 2012 年就投入這樣的學習，算是抓住時代的趨勢。然而就算是取得英國碩士學位，也不代表就成為職涯上的金童。

一方面，當年的 AI 觀念相當新穎，所以要找到完全相關的職位也不容易，基本上，會投入這方面發展的企業，都是新創企業；二方面，畢竟我雖具備學術底子，可是尚未有任何的實戰經驗，而這也會影響聘僱者的考量。

所幸我還算幸運，一回國沒多久，就找到一份可以結合 AI 專業的工作，那是一家新創公司，創辦人本身也很年輕，

是世界知名的技術專利人，他的發明跟如今人人手機點閱的電子書有密切相關。能和這樣子走在時代尖端的大師一起工作，我也是信心滿滿，總覺得前途充滿希望。然而直到三年後才發現，雖然有夢最美，但夢想不一定代表實際。

█ 第一次參加新創公司經驗

如今大家常說什麼雲端大數據，談論什麼 5G 應用、虛擬實境、區塊鏈等等，其實大部分人還是很難真正理解什麼是 AI，但不可否認的是，你我都早已活在 AI 的世界裡了。

舉個例子來說，現代很少有人不用臉書或 IG 吧！當你在使用這些社群網站的時候，就等同加入全球的 AI 實驗室，你的日常生活作息、興趣喜好等點點滴滴，都成為一個又一個的「數據」，被分析、被歸納。

因此很多人會發現，怎麼網路那麼「了解」你，手機畫面經常會主動跳出「剛好」是你喜歡的甜點訊息，或做新手媽媽的總會收到嬰幼兒產品訊息，其實那些都不是剛好，而是經過數據分析為你「客製化」的訊息。

當然那些訊息不會主動誕生，背後有其複雜而專業的資訊管控結合專業的程式，而我的專長正是這個領域。

曾經有個很有趣的案例，那是我好朋友媽媽的實際經歷，有一天他媽媽在使用 Google 地圖時，網路親切的為她指引最佳的「上班路線」。她覺得很好笑，因為她本身並非上班族，

只因已經退休的她，平日最大的消遣娛樂就是打麻將，由於她幾乎天天都去會牌友，乃至於手機經由常態判讀後，研判她每天都走這些固定路線去「上班」。

如同前述，手機並不是立刻就能為他媽媽指引「上班路線」，而是經過一段時間「統計」她的作息及行走動線，這就是數據蒐集，前提是基於電腦裡已有一套可以分析地點及定位的機制。

我回臺灣後第一個投入的新創企業，做的是一套新的影視科技應用工具，目標族群放在東南亞市場。而科技應用要落實的前提，正就是要先建置好足夠的資訊，身為資訊工程師，我的職責是撰寫程式並做資料分析，但由於那是一家新創公司，人員有限，因此大部分的同事都非常多工，我當然也兼任很多的工作內容。當時雖然在同一個企業裡參與不同性質工作，但這不算斜槓，不過背後卻有斜槓的精神。

那段日子大約三年，算是我過得很快樂的時候。主因是我們老闆非常開明，可以讓員工自由發揮，而年輕的我非常喜歡這種自由自在的工作環境，可以讓我同時學習到很多東西。

其中我最喜歡的一件事，就是可以常常出國，那幾年我幾乎每個月都會出國幾趟，主要是去菲律賓，我會在馬尼拉等城市，拿著自拍棒及攝影機，選定不同的地點，計算每分鐘的平均人流，做為日後規劃新系統的依據。

這部分的工作其實跟 AI 無關，而比較屬於第一線的現場

探勘，雖然忙碌，但我樂此不疲，因為工作期間可以順便體驗異國風光，而且我的英文實力在那段時間也有相當的長進。

我是如此熱愛這份工作，就算被看成是工作狂也無所謂，那三年我幾乎筆電不離身，也沒有明確的上下班時間，就連週末都會帶著筆電找一家咖啡廳開始工作。你問我在忙什麼？老實說，我也說不出個所以然來，但以結果來說，這家公司的商業模式並沒有成功。

截然不同的另一種企業文化

認真打拚，有理想、有抱負的青年，努力工作後，不一定可以成功；一個看似平凡無特色、工作也沒特別拚命的人，也不代表後來不會成功。不僅僅人生無常，生活本身也處處充滿弔詭，很多都是超越科學分析，乃至於已經變成必須以「命運」、「機緣」等名詞來解釋。

2013 年我回到臺灣，認真工作了三年，這是一家由科技領域大師創立的公司，後來回首，我在這裡學到很多不同的技能，包括如何做簡報、如何面對面接洽業務、如何做市場分析、如何寫企畫案……等等，反倒原本寄予厚望想要學習的 AI 應用，幾乎沒什麼新的成長。

最終我離職，主要原因是身體出狀況了，由於日夜操忙，包括內心也累積了越來越多的困惑，後來我真的爆肝了，被迫必須長期休養。

有至少半年的時間，我在家裡一邊休息一邊回想，這一切到底怎麼了？老闆有理想抱負，員工充滿熱情，產品計畫看起來也充滿願景，但大夥三年忙下來，最後卻只是不斷燒錢，直到我離職的時候，公司尚未有任何產品問世。

2016 年，我投入了另一家跟 AI 應用相關的企業。老實說，原本我的 AI 觀念算是走在前面的，可是忙了三年下來，我卻變成了落後者。倒也不是說我後悔那三年的工作，只能說，那三年的焦點是放在整合職涯技能的綜合學習。在一家公司裡就學會管理、企畫、市場分析等多樣技能，其實對年輕人來說也不錯。

相對來說，後來這家公司幾乎跟之前相反，前一家公司是一人身兼多職、忙裡忙外，這家公司卻是分工明確，我被賦予一項工作，每天就只做那項工作，準時上下班。我有一陣子覺得太無聊，還特別去觀察同事的作息，他們真的每天都重複著同樣的事，早上同樣時間進公司，拿起便當放冰箱，走去茶水間泡茶，開始坐在位置上打電腦，直到中午去拿便當蒸飯，吃完趴著睡，睡醒繼續打電腦，下班時間到了，關機回家。

日復一日都是如此，公司也不鼓勵喧嘩或什麼創意腦力激盪等等，有點暮氣沉沉的。

可是以業績來看，這家公司卻也是跟前一家公司完全相反，前一家公司靠著創辦人的魅力，資金上的募集儘管不是問題，但是三年下來只有不斷燒錢，公司沒有任何盈餘；然而這

家公司看起來雖然沒有什麼活力,從來不上新聞,甚至也不爭取上市上櫃,但每年的盈餘卻破億元。

而我就在這裡乖乖從事我的 AI 應用工作,做的是和語音辨識相關的工作。生活沒什麼壓力,不像前公司需要創意、需要寫企畫報告及開國際視訊會議,而且每次簡報都會被嚴密檢視,經常得一改再改。在這裡只要扮演好工程師的角色就好,會不會寫簡報及做提案,一點也不重要。

這樣子的工作好嗎?我真的不知道。

用社群人脈打通法拍屋投資通路

我持續思考著人生意義以及生涯規劃,在新公司中,也許看起來很沒朝氣,不是我夢想中的工作形式,但是卻有一個很大的優點,那就是可以準時上下班。也正因為忽然間多出了很多自己的時間,讓我可以投入過往沒空做的事情上,包含運動健身和休閒活動,待機緣到來時,我也開始投入斜槓。

曾經我以為世界黑就是黑,白就是白,畢竟身為科技人及數據分析人,重視的就是精準,數字不能有錯。但現實生活常常難以分清孰是孰非,我也才了解,為何有人說這是價值混淆的時代,不論就政治面、社經面或生活各類價值面都是如此。原本某甲認為好的,對某乙不一定如此,某甲、某乙共同推崇的,也可能是某丙極度嫌惡的。

為了不讓自己淪入偏頗的思維,最好的方法就是多跟不同

類型的人交流。記得念研究所時我曾參加電影社，那時的多樣交流激起智慧的火花，令我印象深刻。於是我想結合不同背景的朋友，希望能再次感受那樣的激盪火花。

就這樣，我開始主動去參加讀書會這類的活動，結交新的朋友。但我一開始都是扮演「參加者」的角色，後來會變成主動經營社團，契機在於某一次的課程。

那回參加的是一堂科技新知相關課程，有一場線上課程，講者是軟體界被稱為程式達人的神級人物。課程費用不算便宜，兩小時就要七千元，但是我又很想上那堂課，於是就興起了一個念頭：「何不集資上課呢？」畢竟七千元取得的是一組播放密碼，我們可以幾個人共同看一部電腦，這樣的好處是，既可以分擔經費，現場又可以彼此分享交流。

於是我們一群人就一起聚在咖啡店，共用一部筆電上課，其中的成員多元，包含國小美術教師、建築師、立法院助理等。兩小時很快就過去了，但如同我所預料的，上完課後，大家內心都有些激動澎湃，想要跟人聊聊，不想就這樣解散。

也就是這樣，延續著這股課後的學習餘溫，我提議既然大家都是熱愛學習的朋友，何不一起來建立一個學習型社團，我們以分享學習為宗旨，每月定期來舉辦讀書會。

其實這已算是個資訊平臺，雖然沒有明確的組織章程，也沒設定什麼職務分配，但確實有著斜槓精神，讓不同專長的人聚在一起。以此為基礎，才有後來更正式的斜槓平臺。

這個平臺稱做「陌彼思」（Möbiusband），其意「陌彼思環」是一種無限迴圈的環，有著鏡像結構，任何兩點間相互對稱，就像代表無窮盡的符號「∞」。假定有個迷你小人走在陌彼思環上，他將一直走一直走，永遠走不到盡頭。我也以這個平臺為基底，從原本的純學習性社團，逐漸拓展為商務社團，藉此認識了房地產界的朋友，開啟了投資法拍屋的道路。

法拍屋給我的印象是「可能有黑道介入」、「法律很複雜不要碰」，完全不是我會有興趣的領域。然而，2020 年受到疫情的影響，讓央行調降利率，房貸利率最低來到 1.31％，我當時意識到，如果現在不做，還會有更好的時機嗎？播下這個心中的種子後，接下來的半年，透過陌彼思的活動認識了房地產界的朋友，從都更領域朋友學到一個觀念，那就是房地產的價值來自土地。又藉由代銷公司的朋友，學習到如何分析一個區域的賣點。

巧合的是，我又認識了法拍屋代標公司的朋友，才了解到法拍屋世界運作的原理。擅長用數字分析的個性的我，忍不住製作了一張報表，精算扣掉所有成本費用後，投資法拍屋能夠有多少報酬。我很意外的發現，即便是非常保守的計算，只要買價便宜，在六個月內就能有 25％以上的報酬率！

又因為買價便宜，最糟的情況頂多按照成本再次售出而已。於是我鼓起勇氣向家人及朋友募集資金，進入法拍屋的世界打滾，就此開啟我在房地產領域的斜槓收入。

//Kota 的斜槓指引 //

2020 年，我終於下定決心，離開原本的舒適圈，跳出體制外，成為一個專門接案的 AI 工程師。後來也創立自己的公司，叫做「宇鯨智能」，這家公司不限於接案，而是計畫開發結合 AI 和股票投資的產品，用 AI 選股和投資房地產的產品。

同時我也因為透過和不同領域朋友的學習，拓展了視野，以我在大臺北地區開始投資房地產，以斜槓收入來看，目前結合了法拍屋、合資收租、股票投資等，都有不錯的報酬率，平均每季都能幫自己加薪數十萬元。

如今我儘管年紀才三十出頭，卻依然在思考著有關人生的意義，想要探索有關阿茲海默症的成因及這方面的醫療趨勢，我相信只要跟著一群對的朋友學習，人生有著無限可能。我想要和讀者分享的四個原子習慣：

1. 管理注意力和時間

許多人有自己的記帳習慣，日常生活中有時候斤斤計較著，去 A 商店買東西比 B 商店便宜五元這類的小利，卻經常忘了，生命中最大的資產其實是「時間」。

今天你可能投資失利賠了五萬元，日後可以再賺回來，但如果你今天蹉跎光陰、無所事事浪費了五個小

時，這五小時卻一去不復返。時間寶貴，時間需要管理，這一點要請每個斜槓人特別牢記。

2. 紀錄帶來成就感

有句話說：「凡走過必留下痕跡。」但你怎麼知道自己「走過」？靠的就是「紀錄」。我從小就養成記錄的習慣，這也可以時常檢視自己，就好比登山時，路旁會有里程碑，讓我們知道自己已經走了多少公里，還剩下幾公里，那樣子內心會比較踏實。人生也是如此，當你開始著手記錄，你會知道自己每天都有所成長，就會激勵你繼續前進。

3. 釐清個人財務

很多人每天談夢想、談願景，卻忘了留意自己「現在」的狀況。既然我們每天的生活都跟金錢有關，因此談起現在的狀況，我們就要特別強調財務的重要。

此刻我若問你關於手邊有多少資金，你可以立刻說出來嗎？很多人可能沒有充分掌握自己的各項財務分配，一定要找個時間好好弄清楚，不論是股票、儲蓄、基金或是不動產，所謂「風險」往往就是因為自己不能掌握狀況。

4. 透過合作擴大能力圈

我要特別推崇合作的重要性，這也包含事業上的合資。雖然合資會遇到人多嘴雜的情形，但確實是用來降低風險的好方法，很多人因為不喜歡合作，學習的進度會特別慢。

例如手上同樣有一百萬元，有一項投資要一百萬元而且執行一年，如果不願意合資，我便只能一年參加一項投資；但如果切成五份，每份二十萬元，手上同樣的一百萬元就可以參加五項投資。同樣是一年，我的學習是五倍速，過了一年後，我會變得完全不一樣。

—— **作者個人連結** ——

宇鯨智能股份有限公司

https://lihi1.cc/OdZNb

PART3
斜槓人開創新局篇

特別要介紹在專一項目很突出的斜槓人，
植基於心中的熱情，
他們無怨無悔持續投入，並且結合斜槓精神，
最後真的讓自己在熱愛的興趣領域發光發熱。

阿元
臺灣花式走繩運動創始人，也是戶外
運動領域傑出企業家。

April
熱愛跳舞，憑著專業及熱情，開枝散葉
成為斜槓舞蹈大師。

Kevin
從挫折中找出教訓，開創出另類
的斜槓模式。

臺灣花式走繩開創者的戶外運動生涯學

/ **原子議題** / 如何結合自身的興趣，落實為具體的經濟支柱？

/ **關鍵思維** / 先創造自己的價值，而不要在意價格。等價值建立了，自然擁有高身價。

全方位戶外運動達人 / 阿元

斜槓核心：戶外運動技能

斜槓身分：

戶外運動顧問／攀岩登山單車等各項技能教鍊／體驗教育引導員／網路部落客／企業培訓講師／臺灣花式走繩運動推廣開創者／戶外教育協會創辦人／繩童執行長／靈氣能量導引師

登山攀岩單車溯溪，
任何活動都要勇於嘗試。
我認為人生必然包含相當程度的冒險，
總要試著往不熟悉領域踏出探勘過，才不枉此生。
所謂死亡有兩種，身體死亡以及靈性死亡，
許多人身體雖無病恙，但生命如行屍走肉貧乏無趣，
這樣其實也是另一種形式的死亡。

人生要讓自己在回首時，
寧願做錯，也不要錯過。
通常大家回顧一生會感到後悔，
都是因當時「想做，卻沒去做」而後悔，
寧願努力過而失敗，也不要因放棄而遺憾，
只要曾經嘗試，那就無怨無悔。

▌一個特別的職業

我從事的職業，可能是讀者比較少見的，可以同時影響到一個人身心靈健康的專業。只要跟戶外運動有關的項目我都擅長，但不僅限於戶外，許多的體驗活動也可以在室內進行。

往往我們可以透過團隊，藉由遊戲或競賽的方式，展現出每位參與者的各自本能，而引導員可以從整體互動過程中，觀察到不同個性參與者的做事風格，以及分析行為模式背後的觀念思維或者個性盲點。透過人與人間的互動關係，看見自己也看見別人，經由相互反饋進而培養組織戰力，加強向心力，這也是現代管理學中重要的一門學問。

現代人流行的一個用語叫做「斜槓」，具體的斜槓定義，或許不同的學者有不同說法，但不論是哪一種說法，很確定的一個概念就是「多元」。

以我自己來說，我一方面在專業的戶外運動領域，發展得很多元，舉凡上山下海的戶外運動，以及觀光休閒旅遊，我有一門一門的專業技能；二方面，我以戶外活動為核心，也結合各方菁英豪傑，打造很斜槓的學習培訓暨交流平臺，不只是有像走繩、攀岩這類的學習，也包含跟運動較無關聯的手工藝、讀書會、品酒會等活動，藉由平臺創造正向的互動，這才是平臺的意義所在。

說起來，我並非運動世家出生，在我十八歲以前自己也不

是學校的體育健將，更未曾接受什麼田徑或球類名師的啟蒙。我的生涯之所以會朝戶外運動這個領域發展，純然是因緣際會接觸，才在逐步深入學習後，培養這方面的多元興趣專長，最終並以此為終生職志。

其實在人生的某個時間點，若非原本課業學習上遭遇到發展瓶頸，讓我將生活焦點轉向一個新的目標，我現在可能會成為另一個中規中矩的上班族，過著和大部分人一樣，在某個機構循規蹈矩、朝九晚六的生活。

必須說，人生沒有對錯，每個行業都有其值得尊敬的地方。但我真的很感恩擁有如今的生涯模式，融入我的興趣與熱情，並且有多樣的內容形式以及無限的拓展可能，也很高興我的工作總是帶給大家歡樂。

資優生的崩落

我是土生土長的臺南人，爸媽都有正職工作，原本家境在南部算是不錯的，後來因為要照顧罹患糖尿病的阿嬤，整個家庭的生活型態有了全然的改變，這個事件也是最早刺激我注意到身體健康很重要的契機。

先是媽媽辭掉工作在家照顧阿嬤，但由於我家住在公寓五樓，靠媽媽一個人無法每天揹著阿嬤上下樓梯，後來爸爸也暫時離開職場，爸媽兩人一起照護阿嬤，那幾年家中因此少了收入。然而因為常態性的需要負擔龐大醫藥費，家中經濟每況越

下，後來還需要做家庭代工來協助生計。

　　小時候的我，原本是典型調皮愛玩的男孩，當面臨到家中生活型態轉變，被迫一夕之間長大，我變得比較懂事，我也從原本不愛念書的孩子，成為一個考試成績排名全校前幾名的資優生。只因為我心裡知道，唯有獲取好成績，將來念到好學校，長大後才能真正幫助家裡生計。

　　然而社會是現實的，不論是職場或學校都一樣，凡事不是單靠努力就可以成功。國中時期雖然靠著勤奮讀書，總是能考到好的成績，但本質上，我並不算是讀書很有天分的人。高中時我進入了臺南二中，那裡人才濟濟，是來自原本不同國中的前段班。處在那樣的環境，我過往那一套學習方式再也不靈光了，無論我如何努力，在班上的成績始終都難以突破。

　　那樣的打擊其實是滿大的，讓我打從內心變得有些自暴自棄。幸運的是，當年心灰意冷的我，並沒有因此走入歧途，或者變成一個打混過日子的學生，反而因為一個當年沒沒無聞的社團——魔術社，改變了我的人生。

　　當年的魔術社，經過改變、創新與傳承，幾年下來的累積，現在的臺南二中魔術社已成為臺南高中界的大社團。魔術社是怎麼由小社團後來拓展成學校的熱門社團呢？這也是我人生中第一次設法突破原本窠臼，所開創的社團新局。

▌二中魔術社成為傳統

那年我因為了解自己在讀書考試方面很難有什麼表現，於是開始將注意焦點放在社團活動上。青少年最瘋迷的社團是熱舞社及熱音社，我也不例外，但由於參加者眾，偏偏我又比較晚報名，加上沒有這方面的基礎，因此沒有辦法入社。

可是年少的我，內心渴望一個生活的聚焦，一定要參加一個社團，就在那時無意中接觸到了魔術社，也在很短的時間發現，原來不只是透過書本可以看到大千世界，書本外的領域也可以發現到新世界。

我當時就深深被前輩們的魔術表演所吸引，並且還一頭栽入，幾乎課餘時間都在學魔術。我還勤於找資料，自學新的魔術，這樣的我到了高二，自然被選為魔術社社長。

社團帶給我全然的改變，我的很多正向性格都是在那個階段培養起來的，最明顯的就是公眾演說及如何跟陌生人互動。從前的我不敢上臺，甚至站在臺前還會發抖，但自從當上社長之後，不但要領導社員及社務，還要代表社團跟學校溝通，後來還帶領全社去街頭表演。一回生二回熟，我的膽量越來越大，我也是從那時候開始再也不怕生，這對我日後投入戶外運動產業有很大的加分。

那時的自己像是發現新大陸般熱愛魔術，充滿熱情的我，一方面勤練新的技藝，一方面帶著團員到處找舞臺表演，不論

跨校聯誼、街頭獻藝,乃至於後來還受邀到諸如百貨公司周年慶、保險公司慶功宴等場合表演。等於我帶頭打造出臺南二中魔術社的品牌,並且從那年起,舉辦魔術舞臺表演成了社團的傳統,魔術社也頓時成為校內的熱門社團,不但報名人數逐年增長,並且長年受邀商演,而這些機會往往也是學弟妹嘗試訓練自己膽量的第一個舞臺。

我常跟年輕朋友分享,人生不要設限,我在高一以前,對魔術從來就不感興趣,也萬萬沒想到自己有一天敢走上街頭表演。一旦嘗試了,就覺得生命變得多采多姿,有一句話説「人不痴狂枉少年」,我很慶幸在青春歲月裡,因為魔術而開啟了原本較為封閉的性格。

然而魔術就因此成為我的「最愛」,甚至是人生的職志嗎?事實證明,人具備多樣的潛能,就算你發展出一項興趣專業,也不代表著這是極限,未來的日子裡,還會有更多新穎的可能等著你。若不去試,怎麼知道自己還有那麼多的能耐?

▌投入戶外活動專業學習

當時魔術對我的影響很大,我甚至曾認真想當個職業魔術師,所以當年考大學時,把中正大學列為第一志願,不是因為學校的名氣,而是中正大學魔術社以及那裡曾經指導我的學長,是我想要追隨的目標。

但人生不是想要就一定可以得到,向來並非考試好手的

我，實力還是離中正大學有一段差距。但是我就是對魔術有興趣怎麼辦？那時在選填系所時，我看到了體育學院（現為國立體大）有一個休閒產業經營學系，當時心想，「休閒」應該算是我的職涯志趣吧！就去報名也順利考上了。

但結果很多事跟我原先想的不一樣，我原先以為「休閒」就代表很多好玩的項目，也包括魔術，但實際上體大並沒有魔術社。好吧！沒有就沒有，我就來創社吧！結果校方建議我不要嘗試，一來體大的學生並不多，並且七大科系中有三個科系是專職體育選手的培訓，他們根本沒有空參加社團。基本上，體大就是一所社團風氣不盛的大學。

可以說我是因為誤會而來到體大，卻也因為同一場誤會而讓我開啟不一樣的新人生，我們每個人的人生往往也會遇到這樣美麗的誤會。所以從大學以後，魔術儘管依然是我的興趣之一，但逐漸變成只是休閒娛樂消遣，後來吸引我的是戶外運動，並且我是以實務操作的形式，扎扎實實的培訓了四年。

如果說魔術社開啟了我的人生新視野，那麼後來真正引領我走向新人生的社團，叫做攀岩社。

提到攀岩等戶外探索活動，很多朋友可能會聯想到冒險與精彩刺激，但心中同時可能也會質疑，這樣的休閒娛樂能被列入大學教育，並且擁有正式文憑嗎？我在上大學前也不了解原來運動及戶外活動不僅僅關係著「技術問題」，其實背後更重要的是心理的突破、活動的管理、團隊的互動搭配等等。

就以攀岩為例，課程不只是教導你如何攀岩、如何鍛鍊體力，更多的是教你碰到狀況時如何臨機應變、如何信任隊友，共同完成目標，其他像是如何克服內心恐懼，找出方法挑戰原以為無法突破的關卡；或者當裝備出問題，有什麼快速安全的應急方法？基本上，不誇張的說，一個可以把攀岩學透徹的人，他將來在職場上也會是一個優秀的管理者。

大學時期，我讀的是休閒產業經營，而實務技能的科目有騎車、攀岩、溯溪、衝浪等諸多項目，不僅僅內容多元，比起一般傳統的大學生活，我們的課程更加充實，經常一週七天都有課。很多課程例如騎車，更是受訓一整天，我們也很少有學生會翹課或上課打瞌睡的情形。

扎實的訓練，造就了日後十項全能的我。

從騎車環島體悟的人生道理

我很感恩在大學時期啟蒙我的老師，他們不只親身教導我們各項技能，也是我們心靈的指引導師。他們當年說過的話，很多都成為我們可以奉行一輩子的生活圭臬。

帶給我最多成長的一門課是單車課程，具體的學習則是單車環島。光是大學時期我就單車環島四次，第一次是我個人的熱血自助旅行，第二次以後才是學校的團體培訓課程，也因為有了第一次的經驗，我後來被指派擔任領隊。

單車環島會碰到什麼問題呢？從事先的路線規劃、食宿行

程安排、環島及募資企畫，乃至於實際到企業簡報爭取募資，到了正式啟程，以環島十五天來說，會碰到包含天氣、路況、體力、後勤等諸多問題。特別是團體行動，身為領隊要照顧到有的人體能較優可能衝太快，有人體力較差會落隊。我們的基本要求就是「全員平安」，團隊中沒有個人英雄主義，也絕不會放棄任何一個人。

光是一趟腳踏車環島所可能遭遇到的危機情境，就比一般上班族在一年內可能遭遇到的特殊事件還要多。在每個事件中，我們也被訓練要跳脫個人思維，以宏觀視野看事情。身為領隊，每當有兩派意見時，如何調解融合各方建議，遇到和原先預期差距很大的狀況，要如何客觀的面對處理，這些都是棘手而又必須處理的課題。

還記得那回的單車環島，當我們的行程接近尾聲，車隊已經騎到蘇花公路入口新城時，這時候隨隊的導師要我們慎重評量一件事：「前面這段路非常考驗體力，並且具有較高的危險性，你們確定要依原訂計畫通過嗎？」

導師並不會給我們明確的答案，他要我們試著去認真思考這件事。那一刻，我們圍成一圈激烈的做討論，大家內心的想法大都贊同，所謂環島就是要騎完全程，怎麼可以中途放棄呢？因此有 90％的願望都是騎完全程。

但站在宏觀角度來看，最終大家還是忍痛放棄了，許多人一邊哭一邊投下放棄票，他們知道夢想是一回事，但以安全角

度來看，隊員們都已經疲累不堪了，其中有幾個隊員還需要特別照顧，最後我們那一段路程就改搭火車，過了宜蘭之後，再騎車回臺北。

人生也是如此，很多時候儘管我們心裡想要，但也知道不該意氣用事，在團隊活動中要能夠齊心協力，資深者做為表率，每一個新人都要照顧好。就如同當年在蘇花公路前，導師告訴我們：「要騎就大家一起騎，要放棄就大家一起放棄，絕不允許有人選這個方案，有人選那個方案。」

感恩大學時期導師們的指引，讓我的人生成熟穩健，也成就我是一個永遠樂於助人，也總是可以站在宏觀角度看事情的人。

▌初入社會的職場歷練

我大學念的是休閒產業管理經營學系，以畢學證書來看是管理學證書，雖然在大學四年習得一身扎實的技能，但畢業後不可避免的，還是必須面對學這一行將來的出路是什麼。

我的求職路一開始也是有些卡關，儘管我對自己的技能十分有信心，但是對於如何將這些技能化為謀生工具，一開始也找不到方向，因此只能從最容易切入的產業著手，於是我加入了旅行社擔任領隊。

必須說，大學時期把我培訓得很好，我已經習慣性的不論站在什麼崗位，都懂得全方位思考。在學校我被鼓勵要「自己

找答案」，這樣的我在社會上立足也較有自信，不會處處依賴他人。

在旅行社工作的那段期間並不長，因為我發現旅行社管理者的立場完全以營利為導向，這對於企業經營無可厚非，但是如果因而妨礙到旅遊品質，甚至侵犯到帶隊人員的權益，那是我不能接受的。因此我當時寧願賠償違約金（當初有簽約要做滿一定年限），也不想繼續待在不合志趣的工作。

但在旅行社服務期間，帶給我最大的影響，就是我終於確認自己非常適合這種與人群互動的工作，這是我進入社會的第一份工作，也是我真正從過往只與學生互動，到如今與社會人士互動。我做得很好，可以跟團隊打成一片，我很享受那樣的過程，這也逐步建立我日後要發展的職涯方向。

對於當時二十幾歲的我來說，最缺乏的還是社會實務經驗，也就是說，就算我願意當一個專業的戶外運動教練，但是大家可能會以質疑的眼光看我，認為這個年輕孩子真的可以帶領那些「成人」嗎？

因此我又花了幾年時間，讓自己在社會上歷練。繼旅行社的工作後，我投入最長的一份工作是去戶外用品店服務，從最初階的基層店員做起，因為能力受到肯定，一年的時間就接任了店長，之後並成為整個集團的培訓講師。

我最大的優勢，第一是我的科班及實戰經驗，第二是我與客戶交心的能力。雖然是戶外用品店，但大部分的員工只是一

般上班族，只能照本宣科介紹產品，相對來説，我擁有許多豐富的戶外經驗和能力，當介紹起不同款式的登山背包或腳踏車的輔具時，我可以用我真實的使用經驗與消費者分享，這也讓我的業績領先，而且客人往往都變成我的長期朋友，他們還會持續介紹生意給我。

就這樣，我在職場歷練了與客戶互動的實務，也當了幾年的主管，有了更成熟穩健的形象。

我準備好了，要開創自己的事業。

▍用熱忱奉獻我的專業

接下來正式進入我的斜槓人生主題。我是在 2016 年正式跳脫上班族的身分，先是以 SOHO 的方式接案，後來才邁向創業之路，擁有自己的事業體。

那一年我就開始斜槓了，必須説，當時有一個斜槓項目主要是為了生計，但並不算是我的主力，那個項目就是禮品貿易，我以半合夥人半助理的身分，協助我阿姨的貿易工作。

我真正想拓展的戶外教育事業則是從零開始，非常的創業維艱。有超過半年的時間，我只有在一所學校教學，而且那間學校遠在新竹，一週只上三堂課，每個月報酬只有四千八百元。

説實在的，每次往返的交通費用加上所耗掉的時間，我根本可以説是沒有賺到錢。但是支撐我一路做下去的絕對不是金

錢，而是我心中的熱情。我喜歡這個行業，希望透過我的專業真正幫助到人。就算沒有收入，只要看到有學生因為我帶的活動而展露笑顏，這樣的成就感就值得了。

也因為保持這樣的心態，我沒有因為經濟上的狀況而怨天尤人，我就是不斷的跟大家傳達，我很喜歡這些活動，相信大家也會喜歡這樣的活動。於是半年過去、一年過去，漸漸的，接受我帶領的單位也越來越多。

「喜歡做」跟「必須做」是兩個差距很大的觀念，讀者朋友也可以省思自己現在的工作，你是用喜歡的心境，還是用「因為領了老闆薪水，所以必須做」的心境？長期下來，你的職場成長境界以及職位升遷，一定會受到影響。

我不僅僅開始在業界打開知名度，並逐步拓展服務範圍，從學校到企業，後來甚至以協會的形式，成立一個集結不同斜槓的專業在一起，在不計較利益的前提下，彼此資訊共享，共同合作和接案。

而在諸多戶外活動或技能項目中，有一件我必須特別說的，那就是走繩。

▌走繩是我的特色

什麼是走繩？相信很多人都沒聽過這項活動，甚至還會聽成是「走神」。

實際上，這項活動引進臺灣至今已十二年，我不敢說我是

這項運動的臺灣創始人,但我是從一開始接觸就用心推廣這項運動的人。當年我還是大二學生,有天導師叫我過去,給了我一組繩子,並且讓我看了一部國外的走繩影片。

走繩,顧名思義就是結合繩子,然後訓練一個人如何在繩子上行走,是跟平衡感有關的運動,還可以訓練專注力及受挫力。要怎樣走繩、有什麼訣竅,這些都是我自己從無到有,看著國外影片摸索而來的。

在我的逐步推廣下,後來我也接受過幾次媒體專訪,介紹臺灣的走繩運動,我稱走繩是最該推廣的「線上活動」,有別於現代年輕人整天目不轉睛盯著螢幕的那種「線上遊戲」,這才是有益身心靈的「線上遊戲」。如今我也常態性的舉辦走繩活動,包括自己創立的事業,名稱就叫做「繩童」。

走繩算是我的祕密武器,也就是當有其他競爭者也想承接企業活動培訓專案時,我擁有更堅強的實力,可以得到案子。當然,我更大的本錢是我的十項全能,當企業要找培訓顧問或安排兩天一夜的活動時,我會的不同技能都可以相互結合,規劃出精彩充實、絕對讓大家難忘的活動。

從 2017 年當時不計較收入,純以興趣和熱情去耕耘付出,幾年下來終於開花結果,如今我的專案服務與協會的運作都廣受歡迎,能看到更多民眾因為這些活動變得更快樂,我也感受到了真正的幸福。

// 阿元的斜槓指引 //

在職場上經常聽見大家發問，興趣跟謀生如何兼容並蓄？許多時候，興趣不能當飯吃啊！

這的確是長期以來存在的問題，我自己很幸運職業正是熱愛的興趣，但我不會因此而一味鼓勵讀者追求興趣，不管飯碗。畢竟有很多的興趣如唱歌、繪畫、跳舞等，除非做到專業，否則也無法轉化為能變現的職業。

做為斜槓指引，我想要分享的重要原子習慣有二：

1. 勇敢嘗試不同的事物

興趣可能是從小培養的愛好，但是有這個興趣不代表你不能有其他的興趣和專長。像我的許多專長都是二十歲後才培養出來的，重點在於你願不願意嘗試？

例如你很愛畫畫，但為了謀生而去公家機關上班，有沒有可能後來在職務上因為接觸到新的領域，例如接觸到銀髮社區，發現自己對關懷老人的議題有興趣，後來發展成新的職志，也讓你工作更快樂。不去試怎麼知道不可能？

2. 堅持專業的重要

許多新鮮人到職場找工作時,第一看重的是薪水及公司福利,第二才去考量其他。我必須說,金錢很重要沒錯,但是別忘了,金錢基於價值,價值則基於專業。

好比說同樣是唱歌,歌廳的走秀藝人唱歌,跟蔡依林、周杰倫唱歌,身價相差可能是幾千萬甚至上億元。為什麼?因為價值不同。

我鼓勵年輕人,趁年輕時先不要將焦點放在薪水多寡,而該放在如何增進自己的價值。如果一個工作可以帶給自己更多的學習成長,或許這樣的工作會比薪水較高但無趣的工作要好。

最後我鼓勵大家多交朋友,方法可以是參與各類平臺,例如我自己事業的拓展關鍵之一,就是建立一個匯聚不同專長的斜槓平臺。當擁有這些資源後,我去推廣專案也會更容易,例如我去某企業談攀岩活動,發現對方對射箭有興趣,我的團隊中如果正好有這方面的專家,就可以代為引薦。同理,我協會中每個朋友,若在他的領域有客戶有戶外運動方面的培訓需求,他們也會引薦我。

相輔相成,事業就會長長久久。

——— 作者個人連結 ———

臉書粉專：繩童

https://www.facebook.com/slacklinekids/

跟著阿元去冒險

https://lihi3.com/qPMeh

蝶心翱翔，自信自在的幸福人生

/ 原子議題 / 如何結合自己熱愛的興趣，成為可以維持生計的項目？如何既能過好
生活，又能做自己從小就喜歡的事？

/ 關鍵思維 /

1. 突破心理困局，勇敢踏出那一步。

2. 任何時刻，保持內心的清明，總是清楚自己「想要什麼」。

行到水窮處，坐看雲起時，找到你的專業，人生總會撥雲見日。

蝶心勵志少女 /April

斜槓核心：教育與美

斜槓身分：

舞蹈老師／編舞創作者／合格英文教師／國際認證華文教師／塔羅
牌占卜師／蝶心改造學院創辦人

小時候看到同學穿著美美的舞衣上臺跳芭蕾舞，
心中就有種深深的渴望，
我好想也穿上那樣美麗的蓬蓬裙，
然而因為家境不允許，
多年來這樣的渴望只能深埋在心底。
直到有能力自己負擔那樣美美的服裝，
我已年過十八，早過了芭蕾舞的培訓年齡。
難道穿著美麗舞衣上臺的夢想，
只能成為童年的遺憾回憶嗎？
不！我要讓夢想實現，
並且結合這樣的心願拓展我的斜槓人生。
有夢最美，勇敢做自己，
既圓夢且創業對社會做出貢獻。

很多事必須靠自己

在做自我介紹時，我總是會說我的祖籍是馬祖，然而我是在桃園出生的，不過父母及大部分親族都來自馬祖，很長的一段時間，我們也幾乎每年寒、暑假都會回馬祖省親。

不過對我來說，我會強調馬祖這個地名，重點在於闡述我的個性，如同馬祖這樣偏遠的離島，因為資源貧乏，人民必須刻苦耐勞、自力更生，我也是個非常獨立自主、遇事找方法，喜歡一個人面對各種挑戰的女孩。

我叫 April，因為我在春天誕生，也因為春天代表新的開始。我總讓自己的心像春天欣欣向榮一般，有著全新開始的昂揚鬥志。

如今我是個標準的斜槓人，我有諸多身分，但在種種的頭銜後面，我就是個願意活出自我、打造自有品牌的人，我是April，我是璀璨艾波，我願意勇敢站上舞臺。

要強調「舞臺」，因為這件事是磨練出來的。我的人生以十八歲為分野，從前的我跟現在有很大的落差，乃至於任何學生時期的同學看到我，都會感到非常驚訝，因為少女時代的我非常內向自卑，總是一個人躲在偏僻角落，不太與人交流。

而這也跟我的成長背景有關，爸媽從事工程業，原本我們的家境也還可以，但隨著環境變遷、市場競爭激烈以及產業外移等因素，家中的經濟越來越糟。我國中的時候，媽媽必須去

工廠做女工貼補家用，而我們家的孩子在節儉克難的要求下，連學校制服都是承接堂哥、堂姊們穿過的，破舊又不合身，對比著別的同學穿新衣新鞋，這讓我們的小小心靈有些受傷。

但從小我就很獨立，家裡沒有男孩，我是三姊妹中的老大，必須有著老大的肩膀。所以我早已養成碰到任何困頓不會哭泣、等著被照護的習慣，我不悲傷，但我選擇一個人躲在角落，不去和那些亮麗的人群在一起，包括內心裡那個想要穿美美衣服跳舞的夢想，都深深隱藏在心底，我就是個不起眼、有點不合群的孤單女孩。

因此當從前的同學看到現在的我，不但活潑開朗，被我夥伴們戲稱我永遠靜不下來，並且還從事著經常登上舞臺、樂於在聚光燈下如蝴蝶般翩翩翱翔的舞者，她們都感到驚訝。但也證明了沒有所謂「本性難移」，只要有堅定的意志，任何人都可以突破過往的枷鎖，追求自我亮麗的展現。

我是個斜槓人，有著不同的舞臺，包括正式場合的展演舞臺，也包括教室裡的講臺。我是怎麼斜槓起來的？以下就來分享我的歷程。

想想五年後的生活

我自從十五歲起，每天下課後就跟著媽媽去工廠做女工，賺的錢全部給家裡。上了高中，打工的選擇更多，那段期間曾擔任過飲料店及美妝保養店等店員。

媽媽帶給我人生很大的影響，我印象深刻的是，她原本是非常傳統的家庭主婦，後來卻因為家中生計，被迫做女工貼補家用。因此我在學生時期就覺悟到一件事，身為一個女子，絕對不要讓自己沒有經濟能力，即便有朝一日步入家庭成為人妻、人母，也不要放棄自己在職場上原本的舞臺。因為你若無法掌控人生，人生將反過來宰制你。

所以我非常重視「一技之長」，並且要非常強調是可以具體落實的一技之長。我大學念的是外文系，因為我知道語文能力是就業市場上永不落伍的能力。所以我在初入社會時，雖然仍熱愛著從小的舞蹈夢想，但在現實生活中，當時是靠著語文實力維生的。

我一開始就投入最符合臺灣經濟發展主流的科技業，擔任老闆的祕書，經常有機會出國開會及參展，一邊在簡報製作及實戰中讓英文更精進，一邊也像個海綿般努力吸收新知，拓展視野。

那是我人生中相當重要的四年，我很感恩當時的老闆，他是個擁有美式作風、很開明的領導者，因為他的教導及帶領，讓我逐漸從那個內向閉塞的女孩，變成視野比較國際化的職場女子。但老闆沒有料到的一件事是，那四年裡影響我最大的關鍵時間點，竟然是在他打算提攜我的時候。

那天老闆把我找去，認真的對我說：「April，你有沒有想過五年後想過怎樣的生活？」

　　這真是人生大哉問，這個問題立刻觸動我深埋在心中的夢想種子。原本老闆的意思是鼓勵我朝主管之路進階，要我承擔更多的責任，但同一時間，我卻依著老闆的問題，真正思索著五年後我要過怎樣的生活。

　　看著辦公室裡那些主管及資深同事們，薪水的確比我高個兩、三萬元，但五年後的人生就只是每月薪資多個幾萬元，然後持續在辦公室文化中待到年老退休嗎？

　　五年後？不！我現在就可以決定，於是我對老闆說：「老闆，我想離職。」

▌你有一技之長嗎？

　　就這樣，出乎老闆的意料之外，甚至也出乎我自己的意料之外，我勇敢的選擇了一條自由但不安穩的路。是的，自由但不安穩，這正是全天下每個想走出自己一條路的朋友們，最初始的心境，也正是這樣的心境，讓許多人只敢內心「渴望」，卻遲遲不敢踏出舒適圈。

　　必須說，我勇敢的離開有穩定薪水的科技業，但支撐我的不是只有年輕人那種浪漫的夢想，真正讓我可以踏出舒適圈的關鍵，還是在於我有「一技之長」。我認為這一點非常重要，而這也是我要跟讀者們分享的社會生存原子祕訣。

　　自古以來，一技之長就是生存的關鍵，過去如此、現代如此，未來也是如此。而一技之長怎麼來？絕不是以為憑著大學

畢業文憑，或是曾經從事某個行業就叫做一技之長。所謂一技之長，基本的定義就是一個「進可攻退可守」的專業，對我來說，就是我的語文實力。

我非常有信心，隨時遞履歷都會有人聘用，但我不想再當上班族了，即便如此，我也清楚知道，我不愁找不到工作。因為從大學時期起，我就已經在當家教，並且在這個領域累積了相當的資歷。不論是去安親班當老師或者一對一的課業輔導，我都沒有問題，市場上有相當的需求。

親愛的朋友們，省思一下目前的你有這種「進可攻退可守」的技能嗎？所謂「退可守」是比較保守的思維，意思就是至少「不愁沒飯吃」，重點還是「進可攻」，我的人生夢想就在於「進可攻」。

對我來說，就是我有真正喜歡做的事，但靠著原本的一技之長，讓我有經濟後援可以逐步圓夢。

▌教育以及舞蹈

談起夢想，就要談起人生了。每個人都想要賺錢，但是你有沒有想過，賺錢的目的是什麼？金錢不是目的，過想過的人生才是目的。

以我來說，從事英文教育及安親班家教，金錢自然重要，但讓我願意投入的重點，是我真正熱愛這份工作，具體來說，就是我喜歡「教育」這件事。

　　這不是單純的理念抒發，而是有許多的事證，我很享受也很感動，從大學時期的打工到進入社會後的教育服務，我親身幫助過很多孩子，協助他們建立正向信念。

　　例如曾有女學生因為家人忙碌、疏於照顧，變得很叛逆，吸菸、翹課、天天搞怪，其實只是為了吸引別人注意，這樣的女孩，後來在我的用心關懷下，找回了她自己的人生價值，如今也已進入社會，過著認真上進的人生。

　　我永遠記得自己的學生時期，因為家道中落而有些自卑，在許多生命的轉折點，我很有可能會誤入歧途，逃學當個不良少女之類的。但我最終沒有腳步踏差，而是持續認真學習，最終考上理想的外文系。我要感謝當時的老師用愛心、耐心教導我，因此我知道教育的力量很偉大，可以影響一個人的一生。有什麼事比導正偏差帶給孩子未來幸福更重要的呢？這就是我終身熱愛教育的初衷。

　　我熱愛我的工作，我熱愛教育，不過我依然有個從小就有的夢想，那就是舞蹈。起初，這是一種個人圓夢的追求，我終於可以穿上喜歡的舞衣，後來也勇敢的站上舞臺。但最終讓我的夢想不只是個人夢想，還可以是帶給社會更大貢獻的，也就是我斜槓的核心價值：教育。

　　先來談談我的舞蹈歷程吧！最早時候，也就是小學時期，吸引我的是芭蕾舞，那時純粹是看到舞臺上同學穿著美美的舞衣，腳步輕盈的樣子十分吸引人，因而心生嚮往。但學舞的投

資太大了，光是舞衣、舞鞋就是一大開銷，家裡根本無力負擔。十八歲後我開始打工，等到存的錢夠讓我學舞，但很明顯這時再學跳芭蕾舞已經來不及了，然而我依然嚮往跳舞，因此我開始投入國標舞的學習之列。

當初吸引我跳國標舞的原因依然是舞衣，我這個人實在太愛看美麗的東西了。但由於國標舞總是要有兩個人搭檔，偏偏我的個性又比較獨立，所以之後才會轉為投入同樣也要穿美美服裝的肚皮舞。

然而，一個現實的問題來了，我喜歡跳舞是沒錯，但是這件事能拿來當飯吃嗎？這是許多擁有熱愛興趣的人會問的一個問題。許多人熱愛舞蹈、熱愛唱歌、熱愛畫圖，但最終為了「現實」，往往只能被迫投入可以溫飽但非興趣的職涯。

那麼我為何可以以我熱愛的興趣為業呢？接著就來分享我的心路歷程。

▎實現舞蹈教育的夢想

任何的技藝，包括舞蹈、歌曲、藝術，或是語文、銷售、商學，一定包含兩個層面，技術面以及心境面。

許多人投入一份工作，一來技術不夠又不去精進，二來也不去深思職涯的本意，抱著得過且過的心態過日子，無怪乎最終回首，人生總是一事無成。

以舞蹈來說，技術是重要的，沒有技術怎麼上得了舞臺？

又有什麼資格作育英才呢？但是整體而言，技術真的只是最根本的，真正讓一個人可以在某個領域發光發熱的，還是技術背後的「靈魂」。

對我來說，舞蹈不只是一種美的肢體展現，更是內心情感的抒發，這也是我後來創立「蝶心事業」的理念。舞蹈是一種因內心成長茁壯，最終散發出的自信，是真正的自我展現，我相信不管是什麼人，在身體狀況允許的情形下，都能藉由跳舞來展現自我，證明自己有更多的可能性，並從中找到自信。

但年輕的我，怎能對舞蹈的靈魂有深刻領悟呢？這主要來自於兩個關鍵，第一是我從小到大內心的渴望，以及經常的自我省思；第二是主動積極尋找新的學習機會，透過視野拓展豐富自己，提升心中對事、對物的深刻理解，再將這樣的理解融入自己熱愛的事物，這樣的舞蹈就會有靈魂。

對我來說，進入社會後在科技公司上班那段日子，就是一段難得的歷練，離開上班族生涯後，我也有一個特殊的機緣去新加坡打工兼旅遊。那一年裡，我認識了很多海外朋友，透過各種交流，我對人生有不同的體驗，我也相信那樣的體悟，不是光坐在家裡看電視就可以達到的。

原本有機會長期在新加坡從事跟語文相關的工作，並且也可以擁有不錯的薪水，但最終我仍選擇回到臺灣，因為我心中熱愛的，依然是教育及舞蹈。

我最早接觸的是國標舞，從二十歲那年學起，到今天已經

過了七、八年，我依然喜歡國標舞。但如同前述，國標舞必須要有舞伴，如果總是自己的技藝精進，但舞伴無法一起成長，經常得換舞伴，學習就會有阻礙，而後來我投入的肚皮舞就沒有這問題。肚皮舞可以自己渾然忘我的投入其中，也可以編成隊伍，展現藝術之美，不論是三人、五人甚至十多個人，都可以組成肚皮舞團隊。

但是該如何將舞蹈融入職涯呢？我覺得一個人若有心，當自己準備好了，上天也會幫你一把。

我從大學時期開始學舞多年，包含之後在科技公司上班，不論工作地點在新竹或桃園，我都不曾中斷學舞。我從新加坡回臺灣後不久，剛好有朋友在臺北經營舞蹈教室，並找我去幫忙。就這樣，我開始讓舞蹈為自己帶來生計，也以這樣的基礎累積自己的教舞資歷，後來也真正出師，成為可以獨立教課的舞蹈老師。

我知道有很多地方長期需要舞蹈老師，這些教舞的地方，最基本的場域就是各地的社區大學，以及救國團這類團體舉辦的社會學習班。我的個性是先求穩再求成長，感恩我在擔任舞蹈老師後，有這些基本的舞臺讓我可以教導大家跳舞。

▎讓舞蹈展現不同的影響力

從前面可以清楚看到，我已經有兩個謀生的斜槓身分，一個是英文教學，至今我仍在輔導學生；另一個是舞蹈教學，

二者領域不同，但共通的關鍵就是「教育」。但以長遠發展來看，英文教學的比重已經變得很少，我逐步聚焦在舞蹈上，而以舞蹈教育為核心，我發展出不同的可能。

同樣是舞蹈，有不同的專業。這裡指的不單單是不同的舞種，也包含以舞蹈這項技能為主軸，發展出的不同面向。直接跟舞蹈相關的第一是「教舞」，包含自己開班授課，或是到社區大學上課，擁有多項專業證照的我，在舞蹈教育上有一定的名聲。

第二是「跳舞」，我的身分是舞蹈家，也是藝術家，經常受邀到各個機構表演，包括登上國家歌劇院等舞臺表演。近年來，我以「蝶心」為名，創立了「蝶心改造學院」，自己也經常在各種節慶和企業活動場合受邀展演。

第三是「編舞」，我對舞蹈的熱愛已經深入內心，甚至說直至靈魂深處都不為過，因此我從大學起就已經有種能力，光是聽到一個韻律，閉上眼睛就可以想出怎樣呈現舞步，當我搭乘捷運時，若車廂內的人潮較少，甚至都想當下就翩翩起舞。

我是創作型的舞者，蝶心體系的舞碼，大部分都是我自己創作，這樣的專長讓我既可以自己創立舞步，也可以教導及授權別人跳我的舞。我也受邀去為企業內部，例如聯歡晚會等活動，為個別主題設計舞碼。

以上是舞蹈技能為主的部分，但蝶心體系最特別的一點是心靈的部分。我非常強調跳舞是活出自己，我並沒有志在培育

國際級參賽舞者，相反的，我關注的是每個人的自我成長。你不一定要跳得技藝精湛，但我希望每個人在這裡都能藉由跳舞抒發自己內心的情感，活出自己快樂的人生。

若以現代化的術語來說，這是一種「舞蹈療癒」，但我不想將一件單純美好的事，搞得好像很有學術味道，因此我就單純的鼓勵大家一起來跳舞，一起來感受心靈昇華的快樂。

也正因為多年來關注在心靈成長這一塊領域，因此在我的斜槓身分中，也多了心靈成長方面的專業，包含取得相關證照以及實際的執業。我同時也是經過認證的塔羅牌導師，每星期固定受邀在咖啡廳設有專屬的一對一服務。

整體來說，我是個教育家。最早教導的是語文，那時也教導一般的中學課程，後來專精於舞蹈教育，也很重視教育。以教育為斜槓核心，讓我實現我的夢想，也能對社會做出貢獻。

從前透過輔導孩子不要誤入歧途，我很有成就感；現在則透過舞蹈，讓每個現代人可以在苦悶的工作環境裡，設法從心著手，改變思維，找回人生的幸福，這就是我如今的生涯，我很喜歡這樣的斜槓工作。

//April 的斜槓指引 //

關於我的斜槓，想跟讀者強調三個原子習慣：

1. 找到屬於自己熱愛的事

這樣的事可以不只一件。例如一個人可能同時熱愛天文學，也熱愛與人交流，同時對機械拆解又很有興趣。可能他小時候就想當天文學家，但又有多少人可以進入 NASA 之類的地方工作呢？

這時候，他可以主攻三個興趣中的機械，學習機械工程，進入科技公司，同時結合熱愛與人交流的特性，自己創業當科技公司老闆，最終他可能把事業領域拓展到天文，或者建立自己的天文觀星社團，乃至於擔任天文講師，成為另一種斜槓。

重點就是，這些事都必須是自己熱愛的，然後可能以 A 這件事為主，之後斜槓到 B 領域及 C 領域，但我看到現代人有許多從事的非 A、非 B、非 C，根本就不是自己熱愛的事。

如果沒有以熱愛為基底，要想發展出事業就會比較困難。對於被你服務的消費者來說，也相對比較感受不到內心的那種熱忱。

2. 穩中求成長的背後基礎是實力

許多人想追求夢想，卻是又害怕往外走，怕什麼？當然就是怕斷炊。這是非常現實的問題，除非要回家當啃老族，否則一旦離開領薪水的工作，就要考慮到每個月的經濟來源。

但自己心知肚明，離開現在這樣「食之無味，棄之可惜」的工作，下一步充滿了風險，所以不敢離開。早知如此何必當初、如果學生時期多用功一點、如果年輕時多花點功夫考取證照……，類似這類的自我譴責聲音就會出現。

其實任何時刻學習都不會太晚，重點還是站在自己熱愛的基礎上，可以自我精進，初始可能會辛苦一些，例如白天上班很累了，但晚上又要去補習班進修，最終當你取得某種證照，也利用業餘時間累積了實戰經驗後，終有一天你就會「不怕離職」。

最好的情況還是從小就養成學習的習慣，選擇一門喜愛的事物，持續經年讓自己成為「專家」，那就是追夢的背後保證。

3. 以核心理念來斜槓

在以上兩件事，亦即「熱愛的項目」以及「持續精進到專業」這兩個大前提下，接下來再來斜槓的可能性

就會很多，甚至有許多項目是你本來沒想過的，但只要有技能在，就會結合進來。

　　舉例來說，結合了當今的自媒體潮流，如今我有了另一個身分，就是網路教學的老師，我有自己的平臺，叫做「療癒 Talker」。在這個平臺，我定期分享跟心靈成長相關的知識及觀念，雖然大部分會和舞蹈結合，但既然是網路學習，自然就不是實體教舞，這也是我的另一項斜槓項目。

　　同理，每位朋友可能擁有自己的專業領域，並且發展出可以拓展的事業後，就可以找出更多的斜槓可能。一項專業可能從商業角度變成商品，可能從教育角度讓自己變成導師，也可能創立協會、出書或者異業結合，轉戰不同領域。

　　斜槓經常不是一開始就刻意為之，但一個有夢想且願意持續拓展自己熱愛事物的人，生命自會斜槓，生命自會豐富起來。

　　那麼，站在此時此刻的時間點，每位朋友可以做什麼呢？建議大家可以從自我對話開始。試著找一個安靜的時刻，去想想什麼事情是你從小就喜歡的，因為自己喜歡的事情學習起來也比較快。

　　假定你有一天忽然變成億萬富翁，再也沒有經濟壓力，什麼是你非常想投入的事物（吃喝玩樂不算）？

　　類似這樣的自我對話，可以協助自己找到心中真正的熱愛，而若自我省思後還是找不到方向，也歡迎來到「蝶心改造學院」，我可以協助各位朋友，從原本的框框蛻變出來。

　　尚未找到人生方向的朋友，今天起不要再得過且過，歲月不饒人，讓我們一起省思自我，找到屬於自己的斜槓人生吧！

──── 作者個人連結 ────

April FB

https://lihi3.com/Rfqas

April IG

https://lihi3.com/M9zQb

真心感恩一路走來的狀況連連

/ **原子議題** / 身為一個上班族,是否也能夠兼顧到斜槓人生?若是跟正職內容完全不同屬性的產業也可以嗎?

/ **關鍵思維** / 在遇到困境時,懂得會危機為轉機,往往會開創另一個生涯的契機。

空間管理達人 /Kevin

斜槓核心:智慧的時間管理

斜槓身分:

專業房屋投資管理人/共享空間創辦人/高階程式設計師/知名部落客/專欄作家

曾經我覺得自己的人生很不順，
就是那種明明自己很努力了，
老天卻偏偏和你作對，
讓你做白工或者走到錯誤的方向。
也曾想要放棄自己，
反正要衰就繼續衰下去吧！
然而十年後回首，
要不是有那些年的阻礙不順，
我不可能會強迫自己改變，
也不可能有後來種種新的學習。
終於我可以體會「危機就是轉機」的深意，
就因為危機才讓我有了斜槓能力，
感恩過往所有的不順遂，
如今的我，因此更加強大，
收入及獲得也更多。

那個不會念書的小孩

翻閱起我的成長史，很多人可能會覺得，這個人怎麼老是在「卡關」啊！是的，有很長一段時間，我就是那個想要追求什麼卻偏偏功虧一簣、總是對著目標黯然興嘆的人。

我是個中規中矩的人，老家在臺中開電器行，我從小就是個願意協助家務也身手勤快的孩子，年紀很小就會協助爸爸安裝冷氣了。

但我並不是讀書的料，即便父母對我耳提面命，告訴我家中的經濟還可以，身為學生的我只要專心讀書就好，然而我的成績始終沒有起色。媽媽雖然只有高職畢業，但是她在打理店務之餘，在我小學時會親自教導督促我，可惜我每次考試的分數只名列中段，我自己每次考完也覺得不好意思。

國中讀的是私校，有一回考完試發考卷時，坐隔壁的女同學看到我的分數竟然嘲笑我：「從來沒看過這麼笨的人！」

這句話激起了我內心的憤慨，由於自尊心受挫，受不了刺激，我當下立志發憤圖強，於是很認真的四處向人請教，要怎樣才能讀書考高分。就這樣，下一次考試時我的成績突飛猛進，班上總共五十五位同學，我從原本的班排倒數，一口氣衝到二十幾名，以全校的校排名來看，更是一口氣進步了三百多名，為此校方還特別在全校師生面前頒獎表揚我。秉持著這樣的氣勢，我到國中畢業時，已經是全班前十名左右，後來也順

利直升了高中的資優班。

　　也許讀者們會覺得這是個傳統的勵志故事。然而到了高中後，我又再次碰到學習瓶頸，因為我不管再怎麼努力讀書，成績也總是在後段，而且這一次我真的沒轍了。我終於認清，國中時還可以靠著苦背硬記得高分，但高中時期更講究「理解」，這攸關天賦，我再也無法用「苦勞」換取分數了。

　　高三時我決定全力一搏，報名全科補習班，當時覺得自己很像 7-11 全年無休，早上七點出門上學，放學後接著到一中街補習，回到家往往是晚上十一點，週末更是從早到晚待在補習班。這種水深火熱的生活占據了我整個高三生涯，只為了想拿到臺、清、交名校的門票。

　　如此認真準備，我想大學學測應該沒問題了才對，然而命運總是捉弄人，我再度跌破大家眼鏡，考試成績出乎意料的低，甚至一度懷疑閱卷人員是否算錯分數。兵敗如山倒的我，只能收拾失落的心情，準備大學指考。但不幸的是我大學指考再度失常，只能勉強搭上國立大學的最後一班列車，當時讀的還是自己不甚滿意的土木工程系。

　　原本我打算重考，但是爸媽覺得光陰可貴，與其浪費一年補習重考，還不如好好在這所大學打拚，就這樣，我負笈前往那所位在南投的大學報到。當時我的內心裡有一種不服輸的氣勢，而就是這股氣勢影響了我的大學四年生活，更進而影響了我往後的職涯。

▍一波三折的苦命大學生

我大學時期幾乎是個「男版阿信」（日劇中那個象徵苦命的阿信），像這樣的大學生是非常少見的。經常聽聞大學生活是「由你玩四年」（University 的諧音），至少也要有各種跨校聯誼、社團活動或年輕人瘋狂浪漫的事跡，但是我的大學四年生活中，卻從來沒有這類的情節出現。

首先在大一那年，除了跟著籃球系隊比賽之外，我很專心在做一件事，那就是準備轉學考。網路上說轉學考的難度很高，轉學成功的人幾乎都有補習，我想我高三一整年都是在補習班度過的，看到補習班就有點反感，所以這回下定決心，打算靠著自學準備轉學考。

印象較為深刻的是，當班上邀約要去參加聯誼活動、郊遊聚餐或是打線上遊戲時，我總是默默的遠離人群，然後一個人走進圖書館。那個畫面若是配上落寞的胡琴聲，還真有著悲情的調調。

好不容易大一暑假結束，十二個月的寒窗苦讀後，我報名參加轉學考試，冀望著轉學成功，可以去臺、清、交報到，結果填志願時我只依照學校排名，卻沒注意要安排科系志願順序。結果出乎意料的，我雖然錄取了交通大學，卻是上了土木工程系。我就是想要念電機才要轉學的啊，怎麼轉過去又是土木工程系呢？

同時間我也參加了自己學校的轉系考，這倒是讓我考上了電機系。不過這時我該怎麼辦？要去讀名校的土木系，還是留在原來的學校念電機系？這個抉擇讓我徹夜輾轉難眠，思慮了很久後，最後根據自己的興趣，選擇留在原校改念電機系。

這樣的我，在大二到大三完全無法休息，因為我要從零開始追進度，學習電機系的課程，到了大四，我還要繼續念書考研究所。當其他人的大學生活悠閒的度過，有種種的戀愛、社團或聚餐回憶，而我卻是每天都在讀書、讀書、讀書，這樣的我，真像是個苦命的孩子。

考研究所時，我又再次遇到了狀況，儘管我努力用功想要擠進前幾大名校，放榜結果卻是一間又一間的備取，如果完全沒錄取就算了，我大可直接死了這條心，偏偏每所學校都是備取，留下一線生機，讓我整顆心都懸在那裡七上八下。

我只有一間研究所正取，那就是母校的通訊研究所，但我當時一心企盼著，希望有哪一間名校可以讓我從備取變正取。就這麼等啊等的過了幾個月，我覺得應該已經無望了，只好認命的回母校通訊研究所報到。

結果就在我正式報到的隔天，接到了中央大學研究所的通知，由於原本錄取的同學沒有報到，我這個備取名額總算可以遞補為正取生了，整個過程真是一波三折啊！就這樣，我這個大學時期一點也沒玩到的苦命阿信，又匆匆辦了退系手續，終於前往理想中的研究所正式報到。

▌不順是有好的代價的

其他人的大學生涯盡是美麗的青春，而我卻總是上演著寒窗苦讀的悲情劇。你以為到了研究所就可以放鬆了嗎？不好意思！念研究所更操、更累，我是因為喜歡數學而報考通訊研究所，不過到了通訊研究所才發現，數學只是基本，還必須具備程式設計的能力。

程式設計對我來說簡直是罩門，只能靠刻苦用功補足天賦的不足，因此我在研究所期間過得苦不堪言，總是睡眠不足，為了準備資料，深夜時分偶爾望著天上月牙，無語問蒼天。

最後總算完成口試順利畢業，準備進入職場，但我的苦命阿信命運依然繼續著。國家有規定，像我們這種電資研究所的畢業生，可以申請研發替代役，我在校時就有做準備，並且經過面試，正式錄取進入一家竹科公司。依照規定要簽約三年，這中間任何狀況都只能逆來順受，無法離職。

雖然在竹科工作的起薪已經比其他行業好很多，但是有一次和以前的同學碰面時，才發現同是一個系所出身，待遇卻差很多。明明其他人在校成績都沒有我好，反倒後來都紛紛去到薪水比我高的單位服務，並且不是只差個幾百、幾千元，而是每個月差距上萬元。若以一整年計算，加上年終獎金、福利分紅等等，明明同樣是研發替代役，我這個苦命人每年就硬是比他們少了好幾十萬元，都足夠我買一輛新車了。

　　即使我心中充滿著無奈，但也沒有抱著哀怨的心態浪費那三年，我反而利用下班與週末空餘時間充實自己的能力，期望之後能到更好的公司發展。

　　事後回想，以上的這些阿信經歷帶給我什麼改變呢？或者換個角度來想，如果沒有以上的遭遇，我一路走來都很順遂，我又會變得怎樣呢？

　　如果我一直不在意考試成績，後來也不曾發憤想要讀書，我的學習可能到高中就停止了。就算有大學可以讀大概也不會珍惜，只知道打混玩樂，混個文憑畢業。

　　如果我當初因為名校光環選擇了交大土木系，而不是我有興趣的電機系，那樣的我現在可能只是一位在公家機關上班的公務員，不太可能像如今這般，在高科技公司工作。

　　最重要的，就是因為過程那麼不順，所以我上了研究所之後，雖然過程很辛苦，但我依然拚命用心學習，得到了珍貴的專業文憑和學習經驗。至於替代役那段經歷，雖然待遇差人一截，卻也因此有了對照組，讓我之後去到其他公司時，就比較懂得惜福。

　　從幾件小事單獨來看，似乎都沒什麼了不起的，但總體加起來看，就讓我走上不同的人生道路。的確就是因為那些不順遂與挫折，讓我如今有著更充實的專業學問，以及更好的就業基礎。

▌兩次的劫後餘生

談及至此，我的人生還沒有開始進入斜槓階段，那時的我沒有太多玩樂時光與精彩回憶，整天腦子只想著要如何翻身，卻又不知從何開始，感覺上我的過往似乎就只是個標準的書呆子故事。

然而，再次影響我人生後來斜槓的關鍵，又是跟「不順」有關。撐完三年替代役規定的年限後，我終於可以離職。這回我也在朋友的介紹下，進到心目中理想的科技公司，並且有我覺得滿意的薪資及福利。

由於我是新人，而且是跟之前完全不同性質的工作，因此我在新公司非常認真學習，一點也不敢懈怠。但就在我到新公司報到大約半年，竟然發生了一件大事。在事先沒有任何徵兆的前提下，有一天董事長突然召開會議宣布，我所屬的這個部門整個被賣掉了。

是的，我的部門被賣掉了，要轉隸屬於另一家企業，在那之前則要先進行縮編，我當時整顆心懸在那裡，心想整個部門最菜的就是我，應該就是第一個被裁的對象吧！結果最終人事整個定案，我竟然倖存了下來。事後知道，原來是我在過往半年的努力，公司主管都有看到，因此我被了留下來，反倒有些資深同仁得過且過的上班，這一波就被裁掉了。

「劫後餘生」的我得到了深深的啟示，那就是「人在做天

在看」，或者人在做「公司」也在看，因此不要以為努力是沒用的。之後雖然部門被轉賣掉，改為隸屬另一家公司底下，我也依然兢兢業業的工作。老實說，此後大家工作的心境也多了些緊張感，難以放鬆，心裡頭總是擔心組織還會有變化。

果然，大約隔了一年半，危機又出現了，同樣也是在無預警的的狀態下。記得前一個星期才剛舉辦中秋晚會，大家嘻嘻哈哈的，連假結束後才剛上班，我隔壁的同事就被一通電話叫去主管辦公室。原本以為是升官加薪，想等他回來時叫他請客，沒想到同事最後面色灰敗的走了出來，原來是公司宣布要進行人事縮編，並且是大幅縮編，有 40% 以上人員會被資遣。

而這位同事就在這波裁員的名單之內，而且根本沒給他時間交接，就在警衛的監督下，迅速收好自己的東西，就這樣被資遣離開公司。裁撤過程也看到某個部門全部被裁掉，該部門的主管還有兩個小孩要養，也有房貸與車貸要付，人生已經四十多歲，不知未來該何去何從。

這樣的緊張感，直到宣布人事布局結束可以回家，我都還像是在作夢一樣。原來我這回又逃過一劫，被留下來了。

上回的劫難給我的啟示是要更努力工作，但是這回的劫難卻讓我想通一些事情，我察覺到「以前所謂的來日方長，現在覺得世事無常」，那時我才真正產生了危機意識，並認真去開發其他的生存之路，進入所謂的斜槓人生。

▌轉戰房地產斜槓人生

想要尋找其他出路，但這談何容易？不過其中的關鍵在於學習，我從那回部門被裁撤掉半數同仁後，為了追求改變，認真投入各種坊間課程的學習。因為若不學習，我這個過往的乖乖牌，連想要幹什麼都不知道。

所以命苦的我，原本可以過著白天努力工作、下班回家休息的日子，如今再次陷入早晚奔忙中。那時我還不知道新的生涯從何著手，因此選擇直接跟「賺錢」相關的課程，開始學習房地產知識。當我上過第一堂課後，發現這門學問真的很重要，於是花了幾萬元報名系列課程。在新竹上班的我，有時還甚至為此搭車往臺北或臺中跑，因為主要課程都是在這兩大都會區進行的。此外，有時連週一到週五的晚上也要趕場，那樣的我，似乎又回到了大學時期那個苦命阿信的生活。

這樣的課程告一段落後，知識是學到了，卻又感覺似乎空空的，畢竟房地產投資應該是實作的技能，而我卻只是跟著老師紙上談兵，所以才覺得很空虛。因此我再次找課程研習，同樣是房地產課程，不過這回我找了新竹當地的另一位老師，走的是實戰路線。

從他那裡，我學到了生涯中本業外的第一項斜槓技能，並且成為一名房地產部落客。在老師的指點下，我學到如何寫出一篇「有效」的文章，要能透過這樣的文章為房地產加分，並

且會帶給我一筆廣告進帳。

再來就是真正參與房地產投資了，經過學習，我採取的方法是二房東策略，也就是我用一口價去包租承攬一整間公寓，經過我的整理裝修後，再以嶄新的面貌，以套房形式對外招租。這不單單只是一種投資理財，也是一門我逐步拓展的事業，因此也是我的一項斜槓。

這兩項斜槓彼此相輔相成，透過常態的房地產實務，我越來越了解投資的每個環節，據此，我寫出的部落格文章也得到越來越多的迴響。感恩科技公司發生的危機，刺激我跳出舒適圈，這樣的我，後來才能成為現在的房地產投資達人。

▋當二房東的學問

從小到大，我經歷了種種的不順歷程，其最大的影響就是我變得耐操，有著高抗壓性與高度的學習力。

仔細其實想想，我擔任二房東這件事一點都不容易，因為不論過程多麼忙，別忘了我到現在都還是一個工程師上班族，所以每個環節只能利用下班時間去處理。

我的第一個承攬包租物件，本身就是個大挑戰，我當時完全是憑著初生之犢不畏虎的心境來做的。那時候，我被仲介帶去看那個物件，老實說屋況很不好，所以之前根本乏人問津。我也是日後才知道，只要有一點經驗的投資人，看到那房子都直接打退堂鼓，說那根本髒亂得像是鬼屋。反倒像我這樣相對

資淺的投資者，一心想要開啟二房東事業，覺得價錢可以就直接出價承接了。

事實證明，投資房地產缺的不是錢或經驗，而是勇氣，勇於挑戰不可能的人，才是真正可以獲利的人。那間被前人稱做鬼屋的房子，我花了約四十萬元進行裝修整理，之後以清新的面貌將八間套房對外招租，也很順利的在兩星期內出租出去了。記得當我拿到房客付的第一筆租金時（一次支付半年），內心有種感動到快要哭出來的衝動，原來這就是被動收入！

還是上班族的我，在那之後繼續歷練著不同的考驗，也在一次又一次的狀況排除後，又學到了這行業新的一課。總結下來讓我了解到，節省經費固然重要，但是對於跟房客有關的事絕對不要省，因為當你省下這些費用時，絕對會增加自己的時間成本、交通成本與通訊成本。因此我選擇一切拉高規格，寧願所有設備用好一點的品質，可以換來一、兩年的安寧，這絕對是值得的。

除了因此減少客訴外，另一個優點是，當我用心把房子妝點好，房客也會感受得到，他們也因此願意把我當成可以信任的朋友。具體的影響效應就是他們不但本身願意長租，也願意推薦朋友來租我的房子。

在管理上，我也應用通訊軟體，將彼此結合成群組，在溝通上都變得非常方便。對於白天還需工作的我來說，時間就是金錢，穩固的房客關係讓我安心不少。

▎新的租屋模式

　　有了第一次的經驗後，我繼續拓展我的房屋管理事業。第一次我只管理了八個單位，第二次的物件我就一口氣拓展為二十個單位。

　　但是我一個上班族該如何撥出時間來處理呢？這也是結合了經驗法則，我學習到有效的時間管理，既不耽誤上班時間，又能繼續進行我的房屋管理事業。

　　首先，我向投資大師學習，了解到合資的好處，因此第二個物件我就採取了大家合資的方式，一方面這樣就有更多人力協助處理各種事宜，二方面這個物件的成本較高，光是裝潢、修繕費用就要上百萬元，而且這回我們幾個股東決定委請一個管理人來負責承租事宜。

　　原以為採用新的模式會更加輕鬆，不過後來才發現事情沒那麼簡單，才承租短短幾個月就出了問題。那天我接到管理人的來電，他竟然告訴我：「這個月沒錢支付大房東了。」

　　我心裡感到納悶，明明有二十個房間出租，為什麼搞到最後連支付大房東的錢都不夠？這都怪我以為找個管理人來一切就可以放心了，另外也認為其他股東會參與監督，所以就沒去太煩惱這方面的事，等到出事才知道，其他人根本不像我那麼關心這件事。股東們有錢賺的時候大家願意分一杯羹，一旦出了狀況，卻往往覺得事不干己。

　　我了解來龍去脈後才知道，原來二十間房間竟然只租出去六間，無怪乎入不敷出。而當月尚欠的差額連同應繳的各項費大約五萬元，其他股東沒有人願意共同承擔，最終只好全部由我一個人墊支，這也讓我看到了社會的現實面。

　　無論如何，不經一事，不長一智，這件事讓我學會更多的管理技巧，也讓我後來發展出一套新的策略，那就是將房子改用短租型方式出租。原來當時二十間房間無法滿租，是因為遇到了租屋淡季，為了招租，我去研究了各種方案，無意間聽聞有這種一個月也可以承租的空間應用方式。

　　沒想到只要一個念頭轉變，商機立刻就上門來。那時我一推出可以短租的方案後，隔天就有大客戶上門，他們是新竹在地的百貨集團，一口氣租下了當時剩下的全部房間。

　　我後來也學習到，許多時候企業為了因應特殊狀況，好比說遇到百貨公司的周年慶時，會調動其他分店的人手前來支援，但是由於這種支援是有一定期限的，例如只針對周年慶的那兩個星期，那些支援的人手不可能為此簽下長期租約，也不可能天天臺北、新竹兩地往返，這時候，這樣的短租房子就很受到歡迎了。

　　當時百貨集團只需租用兩個星期，但卻付了我一個月的租金。爾後我持續開放短租的形式，沒想到全年都有這樣的需求。當然，那只限於新竹在地的特殊情況，因為在地有新竹科學園區的關係，很多時候會有分公司的人來這裡開會或是駐地

輔導，這都讓我的租屋事業欣欣向榮。

　　回首過往歷程，很多寶貴經驗都是在逆境中學習到的，倘若我沒在二十多歲就先遇到一般人要在中年才會遇到的裁員危機，我也不會因此想要突破舒適圈，挑戰不一樣的生涯之路。

　　再以租屋事業為例，經歷過那回招租不足的事件後，我後來不僅找到了短租的新模式，更讓我將這樣的思維持續延伸。如今，我更投入了「時租型」的空間應用模式，在新竹建立起自己的空間營運品牌，目前該品牌已經拓展為兩家店，分別是租賃公司與共享空間。

　　另外我以痞客邦為平臺撰寫的部落格「房地產筆記」，人氣節節上升，由於文章內容清楚好懂，有很多小型公司與企業直接找我合作。我更在 2021 年獲得有部落格界奧斯卡之稱的「痞客邦社群金典賞」，同時間我也持續在科技公司扮演好工程師的角色，工作績效備受肯定。

//Kevin 的斜槓指引 //

　　感恩過往的挫折，帶給我這樣的斜槓人生。我想要給讀者的斜槓指引是關於兩個珍惜：

1. 珍惜時間

　　每個人每天只有二十四小時，人生每件事要做就要認真做，千萬不要用「得過且過」的方式過生活。人生真的很珍貴，時間就是金錢，不該浪費掉每一分一秒。

　　同理，若有可能，應該把每段時間用最有效率的方式規劃，利用「減法原則」刪除不必要的雜事，最重要的事最先做，並且把事情最到最好，那才是真正的斜槓達人。

2. 珍惜經驗

　　請真心相信，生命中的每段經歷都不會白費，如果是不快樂的經歷，這樣的不快樂肯定會帶來某種學習啟示，至於是怎樣的啟示，仍有賴當事人用心去體悟。

　　關於珍惜，我也要分享我的人生座右銘：「把每一天都當成是最後一天，當你這樣想的時候，你的每天都有了不同的意義。」

　　我很高興我曾做的每一個嘗試，雖然一開始都很挫折，但這些瓶頸最終將轉化為我成長的養分，讓我享受到生命的甘甜，成為一位有故事的人。

—— 作者個人連結 ——

部落格：房地產筆記

https://slash-life.com/blog

場地租借：夠意思場地教室空間

https://goeasy-room-facility.webnode.tw/

PART4
斜槓人另類意境篇

斜槓人生的願景是什麼呢？
本篇介紹幾個透過斜槓，完全改變人生，
讓自己擁有幸福美麗生活的案例。

陳建鼎
打下無後顧之憂的斜槓規劃，
以命理的角度分析斜槓人生。

Hebe
在正確時間做出正確判斷，
四十歲前已財富無虞。

John
早在二十幾歲就已資產上億元，
把資源圓滿斟酌應用。

一個命理師眼中的斜槓人生

/ 原子議題 / 每一個人都要斜槓嗎?何時該斜槓,有沒有一個「年限」?

/ 關鍵思維 / 求財也好求成也好,心意要誠,專業要夠,德需配位。

為生命解惑的資訊主管 / 陳建鼎

斜槓核心:智慧演算

斜槓身分:

傳產大企業資訊主管/易經占卜老師/風水規劃師

前面那麼多位老師分享了自己的斜槓經驗後，
或許有讀者要問，人生一定要斜槓嗎？
是否不斜槓就無法在社會立足？
職涯若要更上一層樓，是否就非得斜槓不可？
我是本書十三位老師中最不斜槓的一位，
但我依然斜槓，依然有著不只一個職涯身分，
身為年營收百億元的大企業資訊主管，
同時也是一位業餘的命理師父，
我想用另一種角度來分享斜槓人生。

兩種極端的專業

完美的斜槓，應該是不同的專業職銜可以彼此支援，並且有著基本的核心價值，當不同身分轉換的時候，依然有著主角本身的明顯風格。

以這樣的概念來看，我的兩大斜槓主項，看起來不僅難以相互支援，甚至彼此像是衝突的：一邊是先進科技，一邊是古老的命理。似乎站在兩個極端的人生智慧，是怎樣結合到我的人生裡呢？

從學生時期開始，我就對數理分析有著濃厚的興趣，總是愛問「為什麼」的我，有著探究事理的研究熱忱，像個好奇寶寶般非常有求知欲，為此還在大學時修了雙學位，除了氣象分析學位外，也取得了資訊管理學位。二十多年來，我也在資訊管理這條路上不斷自我進修，累積職場經驗。我站在科學的基礎上，做著嚴謹的邏輯驗算，我是個專業的程式設計師，並且以現代化的管理方法，管理一群有著理工頭腦的工程師。

但這樣的我，卻在三十多歲的時候，因緣際會認識了一位國學底蘊深厚的命理大師，便和他開始了一段至今超過十年亦師亦友的學習歷程，擁有著另一個和科學簡直完全相反的身分——談玄論命。這不是靠計算機以及 AI 演算法，而是靠著與「天意」溝通，跟許許多多或熟悉或陌生的朋友產生鏈結，也在這些年來，參與甚至干預了他們人生中的重大關鍵事件，

其中也包括了攸關生死的抉擇。

的確，這像是完全相反的兩個領域，卻是我的兩個身分，而且這兩個身分都可以為我帶來收入。所以不論是就興趣面、專業面或是實際報酬面，都是兩個不折不扣的斜槓。

雖然我的主業及主要收入來源是擔任高階科技主管，但今天我們談斜槓，我還是以命理的角度來切入，畢竟程式撰寫以及資料分析聽起來太生硬了。而身為宇宙中渺小的人類，我想大家除了關心世俗社會的金錢名位外，更多人的內心深處，可能念茲在茲的還是攸關人間的種種，包含悲歡離合、喜怒哀樂、緣起緣滅、生死劫厄，以及大家最愛談的「命運」。

關於命運，以及不同類型的斜槓

命運是什麼？有人提出宿命論觀點，有人提出人定勝天觀點，更有人完全推翻這類「無法科學驗證」的事。

終究大家還是關心自己的命運，所以從古至今，不論科學多麼昌明，就算人們早已登上月球，也在實驗室裡格物致知，把原子、分子、電子甚至最夯的量子都已經「找」了出來，可是內心裡最深層的迷惑還是沒有答案。當午夜時刻獨自輾轉反側，迷惘於年歲漸老或者遭遇人生重大的異變，感嘆命運之無常，就算是擁有再多博士學位，或者身居高位的大企業家、大政治家，也無法擺脫那種對未來不可知的困惑。

因此，類似命理老師或者與玄學相關的學者和民間師父，

儘管千百年來總被説成是迷信、故弄玄虛或貼上種種標籤，但這個行業在市場上永遠有著龐大需求。命理老師這行業有多重要？舉個例子吧！有太多的人站在命理老師面前，他們是願意把自己的生辰八字乃至於藏在心底的祕密説出來的，連相識幾十年的枕邊人都不知道的事，命理師父卻可能知道，可見這個行業有多麼重要。

　　斜槓大致有兩種核心連結法：專業核心連結以及理念核心連結。專業核心係指擁有某種核心技能，例如資訊、心理分析、語文等，基本上要搭配證照，比較容易讓人信服；理念核心則是一個大的價值觀，諸如終身教育、人際互動、環境關懷等。我們看到的社會斜槓菁英們，多半是具備其中一種核心，甚至以兩者皆具備的方式拓展事業。

　　以核心連結法來説又分成兩類，第一類是橫向連結，也就是以一個核心專業逐步拓展到不同產業，例如我的資訊專業，在本業是程式撰寫，但我後來和命理老師專業結盟，我可以跟他們合作命理網路平臺；這個資訊專業也可以拓產到出版業成為資訊作家，或是拓展到教育業設計資訊課程。可能一個人有多重身分，但每個身分共通具備的，就是資訊技能專業。

　　第二類是縱向連結，也就是把一個核心深入分析拓展下去，最典型的就是這裡要説的命運。化身成人類世界的職業，廣稱為命理，但細分下去卻可以包羅萬象，諸如占卜、八字、風水、測字、姓名、紫微、奇門遁甲、面相、手相、塔羅牌、

占星術……等等。

以上所列的各項東、西方命理學，如果一個專業命理師都懂，這樣算不算斜槓呢？或者一個專業資訊達人，他懂程式撰寫、資料分析、系統架設、AI 人工智慧、網路資安等種種資訊專業，他算不算斜槓呢？如果個別來看，前者算是命理專業達人，後者則是資訊領域達人，都不算是典型的斜槓。以我的情況來看，有著「跨界」的專業，這樣就比較斜槓了。

不論如何，斜不斜槓只是一種身分認同的定義，不同學門的定義不同，但回歸到現實生活，大家關心的還是這些斜槓對我們有什麼影響？或者講更現實的，是否可以讓我們因此享有富裕人生、創造人生格局呢？

對此，我要提出一個另類的斜槓「務實」觀點。

接力式可以做一輩子的斜槓模式

比起許多功成名就，靠著斜槓身分擁有多種獲利管道，年紀輕輕就成為千萬富翁、億萬富翁者，我自認自己只是個非常平凡的斜槓人。

以平凡人的角度來看，有一種斜槓模式，現階段雖然不那麼光鮮亮麗，也就是說名片拿出來，可能職銜抬頭沒那麼多，但以一生的維度來看卻很實用，以我自身為例，我的斜槓就有一個特色：接力式的銜接。

大部分人的斜槓，可能是讓各個專業形成一個實力圈圈，

好比說一個人同時是廚師、講師、主持人及專欄作家，他以美食為核心，創造多元的斜槓，甚至創業開餐廳，開設餐飲教學體系等，形成一個「美食宇宙」。這樣的斜槓如果成功，可以打造個人品牌的輝煌盛世，但若沒有經營起來，還是會面臨一個一生不得不面對的課題：也就是年老，乃至暮年歸宿。

具體來說，以上述美食核心斜槓為例，什麼是他就算七十歲也能繼續斜槓、並且帶來源源不絕收入的方式呢？有以下幾種可能：一、他的餐廳做起來了，並且有他個人的品牌標示，否則只是普通的創業，而不是斜槓；二、打造出連鎖加盟體系，包括以他品牌為核心的教育體系（好比吳寶春已成為一個個人品牌），結合出版及偶爾受邀演講，到了七十歲依然有著亮麗的斜槓人生。

但若不幸沒那麼成功，到了七十歲時體力可能已經不如以往，不能當廚師、不能演講、不能從事各種美食斜槓，除非年輕時已存夠退休金，否則老來依然會碰到銀髮難題。

有沒有什麼是可長可久的斜槓模式呢？這裡我提出一種另類的斜槓思維。我很敬佩那些把自己的斜槓身分經營得有聲有色的朋友，也期許他們在各種斜槓項目中，可能透過財富累積或者透過打造體系，趁年輕時讓所有的斜槓發揮綜效，讓自己在六、七十歲，甚至在四、五十歲時就站穩不敗人生，過著財務無虞的生活。

但如果不幸一個人現在的斜槓身分，因為該項目的生命週

期（許多專業都有年齡限制），或者沒有跟上時代趨勢（例如一個攝影美學的斜槓者，如果不能與時俱進跟上數位時代，可能原本的斜槓收益就會逐步崩塌），現在亮麗的斜槓人生不代表十年後依然亮麗，那該怎麼辦呢？

以我來說，我的接力式斜槓模式，可以提供讀者做參考。我的斜槓項目不多，就只有資訊跟命理兩個大項，但這兩個項目卻可以銜接。具體來說，就以六十五歲為退休年紀來說，退休以前我的兩個斜槓，資訊是我的主力，另一個則為輔（我的命理目前只是業餘，並沒有將之拓展為事業）。

與其在中壯年時期同時參與各種斜槓，我選擇的模式則是先專心把一件事做好。我白天是個高階主管，所有的培訓也都是為了把這個角色扮演好，我在工作場合絕不會摸魚，或者分心去投入其他斜槓項目，甚至可以說，白天的我一點都不斜槓。這樣的我因為專注在一項事業上，所以不但可以把工作專業做到極致，也有能力接任主管，帶領團隊一起打拚。

然而我的另一個輔助斜槓，雖然只在下班業餘時間進行，甚至沒有帶來太多收入，但重點是，這個斜槓項目不受歲月限制，甚至我還必須說，命理的學問越老越受歡迎，原因無他，歲月累積讓我的智慧更加通達，談理論命也會更加令人信服。我相信憑著命理這一塊，我就算到了七、八十歲，依然有人願意接受我的服務。到時候的收費肯定比年輕的時候還要多，甚至可達數倍之多，這就是可以「做一輩子」的斜槓模式。

▍學習命理前後的生涯

這樣的斜槓模式，我也是年紀漸長後才體悟到的，我必須說，由於投入命理這個學無止盡的領域，我感覺到心靈年復一年明顯的成長。說來也很有趣，我就是因為學命理帶來的領悟，才能更專注在資訊上。也就是說，因為那些聽起來抽象的學問，讓我更能投入在原本硬邦邦的邏輯分析領域上。

在還沒學會命理前，我不是這樣的人，年輕時甚至只是急著想要賺錢，若有可能，我想拚命斜槓，只要有收入都好。

談起我的成長史，從前的我是個務實的孩子，知道生活不容易，因此有機會總是協助家中打理生計。從我爺爺之前，家中就是典型的純樸農家，由於得看天吃飯，因此家境並不好。

爺爺務農種田，到我父親那一代則是在菜市場做生意。我也從小被培養成可以吃苦耐勞的人，追求自力更生，學生時期就拚命打工，所以真正說起來，我學生時期比現代還要斜槓。

我的大學生涯不但刻苦上進，跨修大氣科學及資訊管理兩個系所的課，而且很會善用時間，同時間不只兼家教、擔任店員，也去賣保險，還有接觸傳直銷。

我青年時期的志向非常單純，就是想要賺大錢。但我對一些神祕的事物也感到十分好奇，當時之所以會主修大氣科學，就是因為覺得氣象是一門非常神祕的領域。或許我也有可能踏入這個領域，從此成為某個常駐高山上觀測氣象的人，但當年

的我非常金錢導向，畢業後自然還是往收入最高的行業去投遞履歷，並且自然而然的進入收入相對較高的資訊產業。

還沒認識命理前，我經常對人生很多事情感到困惑，包括在職場上的一些不公不義，為何有些人能力差，可是卻可以獲得升遷；或者我看中某個未來發展潛力佳的產業，但最終卻淪為泡沫化。

事實上，自認為對國際科技趨勢相當了解的我，在三十五歲前的職涯竟然接二連三的遭遇相同命運，一開始都是基於一項備受各界看好的關鍵技術，甚至有媒體專門報導的明星企業，但營運兩、三年後卻以失敗收場，我在這樣一次又一次的失敗下，被迫再次進入職場。

即便我的腦袋再怎麼具備科學化的邏輯，內心的聲音依然抗議著，這背後是否是「命運弄人」？但命運是什麼？多年來我透過自修，探索這個神祕領域，不過都只是純粹當作閱讀興趣，並沒有深入了解，甚至將它成為一項技能。

直到三十五歲後，在一個機緣下，承接了一位命理老師的網站系統架設專案，為了對這項工作多所了解，我持續跟他上課，上著上著竟然漸漸有了體悟，後來他也成為我的師父。

直到我慢慢了解命理後，再回過頭來審視人生，才發現原來人生在世，有些既定的命數，有些則有著一定的運勢，面對命數以及運勢未能趨吉避凶，後來就肯定產生某種結果。以結局來看很抽象，但若是看其中的過程，其實這就算是命理有著

「邏輯」。以下我就以簡單的命理觀點，和讀者分享斜槓人生的注意事項。

▌從命理體悟到的人生

　　大家最常看到的命理就是去廟裡求籤，也就是易爻演變的一種方法。現以占卜來說問事者，不需要準備個人的生辰八字，更不需要調查身家。占卜隨時隨地都可以進行，只要持有可以當做卦象的物品就好，其中最常見的就是硬幣，或是任何可以象徵正、反的東西。

　　事實上，以我的資訊專業來看，我認為中國自古代代相傳的《易經》，就是最早的「人工智慧」。其背後的原理，正就是電腦語言「0」與「1」的道理，只是電腦的程式指令來自於人類，而《易經》的指令卻是演繹著天命。

　　天命是什麼？說起來抽象，但透過一正一反組成的多樣組合，大家都聽聞八卦，以及八八六十四個卦象，實際上，透過不同角度的排列組合闡述，可以衍生更多的結果，肯定有上萬種，而且同樣的內容還有境界之分。

　　舉個簡單的生活實例，當我們看到一片葉子掉落地面時，可能有人看到落葉就知道背後的季節，有人看到落葉，只執著在葉子本身。而葉子落地這件事，其背後可能有更多的資訊，包含可能看到環境被污染、看到生態大幅變遷，或看到十年前跟十年後的差異等等。

　　命理是種很特別的學問，也就是說，以占卜來說同樣的卦象，可能十個人來看有十種結果，就好比去廟裡拿籤詩，有些人只看字面上的意思，有些人則可以看到更深入的東西。

　　完全不懂命理的人看內容是一層意思，真正懂命理的人才能講解命運。而這講解並沒有對錯，但有層級之分，有人只看第一層，例如看出某個人的身體狀況出問題；有人看到第二層，他已看到是哪個部位出問題；到了第三層，可以看到更具體的哪個器官有病變等等。

　　因此命理之學永遠學不盡，照理來說，從千年以前《易經》傳承以來，古人撰述的命理相關經典，應該就是有限的數量，但任何一本命理書，每一回重讀都可以有不同的體悟，正所謂「見山是山、見山不是山，見山又是山」。

　　當然，談起命理有窮究不完的學問與樂趣，我們在此不談命理的學術面，而來簡單論述跟斜槓人生相關的幾個重點：

1. 德需配位

　　理論上，光是透過占卜，我們就可以知道很多事。不誇張的說，包含股票分析，若是結合真正高深的易經智慧，不但能掌握發展趨勢，甚至能知道個股發展。聽起來好像人人都可以透過占卜「預知未來」，但在真實的人生，知悉未來者不代表可以直接改變未來。那是因為人、事、時、地、物都會有著諸多牽扯，像是「德不配位」，若以東方傳統佛道教觀點來看，

就是一個人沒有累積足夠的善緣，或者以現代化角度來說，就是一個人的實力能耐沒有到那裡，卻硬要去承接不屬於自己的果實。就好比螞蟻要去扛一顆鑽石，就會直接被鑽石壓扁。

比喻到斜槓人生，如果說一個人想要追求斜槓境界，以為掛出一堆頭銜就可以賺到多元收入，實際上每項斜槓的實力都不夠，最終反倒可能落得身敗名裂，一事無成。

2. 時來運轉，前提是已經做好準備

在命理上經常有這樣的狀況，老師可能指示一個方向，但那個指示的前提源自卜卦人本身的「現況」，講更直接一點，就是他有沒有資源。舉例來說，工廠的機器碰到狀況了，一個高階工程師要找答案，可能直接告訴他修理哪個系統就好，但對一個基層員工來說，他根本聽不懂那些術語，所以必須用其他方式告訴他。至於對一個完全門外漢來說，講什麼都沒用，解答就是「趕快去找師父」。

同樣的道理，我們生活中的各項問題，可能是感情出問題、事業出問題、財務出問題等等，當事人去占卜解惑，好比說感情出問題，過往曾經用心付出經營感情的，解答方法比較簡單，好好去跟另一半把問題說清楚就好，但過往沒有感情基礎的，可能答案就是無解，明知會分手也無法挽回。

以斜槓人生來說，很多的斜槓植基於機會，例如當網路直播風潮盛行之際，有許多人趁機發展多樣斜槓，但唯有那些從

前就已經打下深厚基礎、在直播時言之有物的人，才能真正抓住觀眾的心。

3. 論命要懂得彈性

教育界有個大家都耳熟能詳的詞，叫做「因材施教」，在命理領域也可以做到因材施教。舉例來說，不同個性及背景的人，處在同樣狀況問同一件事，得到的解答可能截然不同。

好比說某家企業經營不善面臨倒閉，此時有兩個擔心未來的員工某甲和某乙，他們年紀相同，實力也相當，甚至彼此還是從小玩在一起的同學，但問起未來出路，兩人得到的結果肯定會不一樣。不是卦象不準，而是每個人有每個人自己的使命與功課。走在路上碰到前有大石阻路，對某甲的建議是請他退後，換別條路繞道而過；而對某乙的建議卻可能是請他在原地稍候，過兩天大石就會被移走。

引伸到斜槓人生，每個人有每個人自己的生涯，不是我們看某某人成功，認為直接複製他的模式到自己身上就能成功。如同本書有來自各領域的專業達人，分享每個人的斜槓專業，但如何應用，依然要看每個人各自的狀況。

我在年輕時，是個拚命想追求斜槓的人，中年以後反倒找到了自己的人生模式，我要專注在我的主業上，並且把命理當成一生學習精進的項目。這是我的選擇，每位讀者也一定有自己的選擇。

// 陳建鼎的斜槓指引 //

關於我的斜槓分享，我想要跟讀者強調的原子習慣，有三個重點：

1. 斜槓沒有一定的時間，也沒有一定的模式

重點在於「你是否了解自己想要做什麼」？如果時機未到，強求也沒用。誠摯的建議，時時勤學習，好比你的專業是廚藝，你就要持續不斷讓自己成為這個領域的頂尖。當你努力到了一定境界，自然就有機緣。斜槓不需強求，當你準備好了，可能很快就水到渠成。

2. 不要自我設限，更不要自滿

以我的命理領域來說，我已投入十多年的學習，也服務過不少客戶，但越多的歷練讓我更知道「自己該學的東西還有很多」，這樣的我只會持續深入學習，不會有自滿乃至於以為自己什麼都懂的一天。

3. 誠信第一

最終也是最重要的一點，對命理跟對斜槓人生都一樣，就是要誠信。當我們占卜或者求籤時，有所謂「心誠則靈」，如果心意不堅，甚至只是想「問好玩的」，

建議不要輕易亂卜卦算命。

　　同理，不論從事怎樣的斜槓，誠信第一，不要想著要欺騙客戶，不要想著走歪路，秉持著誠意，客戶一定看得到你的努力。

　　找到自己的斜槓目標，做好準備，努力以待時機，並總是對人以誠相待，這就是我總體的斜槓建議。

—— **作者個人連結** ——

臉書粉專：地瓜老師

https://www.facebook.com/Tigra1290

掌握正確趨勢，輕鬆擁有快樂悠閒人生

/ **原子議題** / 在一個行業奮鬥打拚，就能創造財富嗎？如果不是如此，那和致富的距離間，是缺少哪個環節？

/ **關鍵思維** / 富人與平凡人的差距，不在於誰比較努力，而在於誰比較有資源。與其拚命付出，不如先找到對的資訊，相對可以輕鬆投入，卻獲利更多。

兩岸貿易及投資達人 /Hebe

斜槓核心：資訊以及資源重分配

斜槓身分：

貿易公司老闆／兩岸房地產達人／國際心靈諮商師／日用生活百貨盤商／國際金融顧問／理財專業講師

身為銀行高階主管，日子也曾經那麼風光，
處在人人稱羨的金融界，薪水高、福利優，
不料一個金融風暴來襲，
不僅銀行從業人員好日子不再，
整個臺灣產業也都變「慘」業。
然而，再怎樣看似低潮的日子，
卻依然有人可以持續獲利成長，
這中間一定有什麼關鍵的思維，
攸關幸福人生的祕密。
趕在三十而立前，我做出一個勇敢的決定，
積極挑戰國際化新生涯，
終於能在年紀尚輕時，
就能達到有錢有閒的美好生活境界，
如今我可以隨心所欲，
經常陪著媽媽四海遨遊，
我覺得，
這才是值得「人人稱羨」的人生。

▌怎樣才是最幸福的生活？

這世上為何總有人賺錢比別人快？同樣的投資領域，為何有人就是可以穩健獲利，不太受景氣好壞所影響？這無關出身背景，無關學歷高低，甚至也無關一個人是否天資聰穎。

從小我就培養出善於觀察的敏銳，發現影響成功的一個重大關鍵就是「資訊」，所謂「資訊的落差，就是財富的落差」，這點適用在投資理財領域，更適用在生涯規劃領域。

什麼叫資訊落差？也許一個最切身的觀察對象，就是如今大街小巷都可以看到的「夾娃娃機」。君不見無論現代流行什麼，夾娃娃機總能「與時俱進」，2020 年臺灣掀起日本動漫「鬼滅之刃」風潮，片中角色炭治郎以及禰豆子等玩偶，早已紛紛登機；網路瘋傳「天竺鼠車車」，幾乎沒有什麼時間差，車車迷們立刻就可以去夾娃娃機釣寶了。

當然，夾娃娃機不會自己生出這些流行商品，當娃娃被夾子抓住的當下，其實被抓住的是廣大民眾的心。那個可以抓心的人是誰呢？就是像我這樣可以掌握趨勢，並且資源流暢、可以快速打造供需鏈的人。

我自己並不是什麼大富豪，也沒有亮麗的企業家頭銜，而且我還選擇低調不愛曝光的生活，因為對我來說，金錢及名聲不是人生的主要追求目標，那些金錢名聲，最終還是要落實成為「幸福」才實際。

我目前是臺灣南北各地夾娃娃機臺的重要商品供貨商，自己也玩票性質的擁有幾個「機場」，坐擁長期被動收入。但相對於我在兩岸三地的投資，夾娃娃機與其說是收入源，不如說是可以參與流行趨勢的生活遊戲。基本上，這些都是貿易商事業的一部分，我會主動追蹤流行趨勢，讓我的貿易品項有所變化，供應流行商品給各類通路商。

我認為生活就該擁有自己的時間，可以做自己喜歡做的事，例如陪伴家人、跟母親談心，在悠閒的午後，邊翻雜誌邊輕啜著下午茶。真正的自由就是每天早上睡到自然醒，起床後內心也不用擔心今天是繳款期限、晚點要跟客戶簡報、誰誰誰的紛爭要處理……等等。從某個角度來說，我覺得這樣的生活方式，比起世界首富、大集團總裁等都還要幸福。

相信很多人都想要過這樣的生活，但是如果本身並非含著金湯匙出生，也沒有什麼背景資源的話，一個人要如何從無到有，打造自己想要的人生呢？重點就在資訊。

從小就愛賺錢的女孩

談起資訊，現代人可說是處在有史以來資訊最發達的時代。然而當人人都可以幾秒內 google 出所有知識和學問時，有人從這些資訊獲益嗎？絕大部分的人身即使處在資訊中，卻很少因此大幅改善自己的生活。

關鍵在於：

1. 懂不懂應用分析及歸納資訊？
2. 有了資訊後，願不願意落實為行動？

特別是第二點，我覺得是許多人的人生被「困」住、不滿現狀卻又難以突破的主因。

我只是個平凡小女子，出身在臺北的平凡家庭，但我有一個跟同儕較不一樣的地方，那就是我喜歡行動。說來有趣，我從學生時期就屬於積極認真行動的人，但這樣的我，追求的卻是安穩悠閒的人生。我也是進入社會經過多年歷練後才真正體悟到，人生就是要懂得用「辛勞一陣子」換取「悠遊一輩子」的道理。

學生時期我算是很拚的，不是拚命讀書，而是拚命賺錢。你問我是不是很缺錢，其實家人把我照顧得很好，從來吃穿無憂，但我就是有一種後天養成的賺錢欲，中學時期就想方設法想到處賺錢。

為何說是「後天養成」的呢？主要是基於我天生好奇寶寶的個性，小時候就觀察到，這世界上總是有人可以想出某些新花樣，例如在市場上，總是有人可以找到那些受歡迎的商品來賣，那些人是怎麼找到這些商品的呢？同樣是擺攤，某甲跟某乙的銷售方式不同，為何其中一個人的生意總是比較好？

當時我的小腦袋就是愛想這類的事，直到稍長時我才學到，當年我關心的那個重點，叫做「**商機**」，而對成長時期的

我來説，總之有機會就關心兩件事：第一是如何累積戶頭上的存款金額；第二是若開源做得不到位，至少也要懂得節流。

所以學生時期的我，一方面會找機會到處打工，二方面自身也沒太多物欲，不像其他同年紀的女孩，喜歡把錢拿來買一堆中看不中用的物品。

個性不愛浪費，但是對於「實用」的東西，我花錢倒是不手軟。例如我會努力存錢，設定目標要買一部代步機車，我不向家人拿錢，我認為要靠自己賺才有成就感，十八歲那年就達成目標的我，後來還自學了機車改裝。

總之，我不是個中規中矩的女孩，賺錢是我當時的樂趣，相較下如何讓今天的生活比昨天更進步，更是我的人生追求。

▍賺錢的目的以及賺錢的方法

如果賺錢這件事很重要，那麼在拚命賺錢前應該先深思，該「怎樣賺錢」，而不是一頭熱的拚命賺錢。

這個道理很重要，但「怎樣賺錢」這件事卻需要人生歷練，我也是到了二十幾歲才了解到賺錢的兩個真理：

1. 賺錢要懂得借力使力。
2. 賺錢要選擇符合趨勢的項目。

回首過往人生，真正讓我財富快速增長、整個翻轉人生

的時刻，就是在我後來真正做到上述兩點的那年開始，在短短兩、三年內我的收入就直線成長，之後並建立了兩岸的資產和被動收入，從此生活無虞，就算此刻退休也不需要擔心未來。

在「悟道」之前的人生，我也是賺錢高手，進入社會的第一份工作就年收入破百萬元，我不但從事金融理財專業工作，還是在臺灣排名前三大的金融集團擔任高階主管。但即便如此，我過往欠缺了致富的一大重要關鍵，那就是「眼界」，所謂眼界，背後的基礎其實就是「資訊」。

資訊真的很重要，學生時期我開始擺攤做小生意，那時就懂得怎樣去找到流行的飾品來賣，這些便有賴於資訊。後來到處打聽哪個行業時薪高，我就做那一行，一般學生會打工的行業我大概都嘗試過，那也是在累積資訊及經驗。

大學時期，因為大部分時間還是要照顧課業，而且當時是在工作機會較少的臺南讀書，於是我將主力放在如何省錢上。我的方法很特別，透過財務計算，我知道一個人每天不得不花費的開銷就是三餐，於是我刻意讓我的打工結合三餐，也就是早上在早餐店打工，既賺錢又有免費早餐；中午則是在學校餐廳做兩小時的時薪兼職，休息時間飯菜可以隨意打包不用錢；晚上則是刻意選擇到一家有供應晚餐的公司打工。

我就是這樣的女孩，看起來真的很愛賺錢。但內心其實不是真的那麼愛錢，我愛的是兩件事，一個是設定任務然後達標的感覺，另一個是早日獨立自主，並且可以照顧家人。

　　這兩件事我念茲在茲不曾或忘，反倒我日後在社會上看到很多人拚命賺錢，最終卻忘了賺錢的目的是為了什麼？一旦不知道賺錢的目的，就很容易成為錢奴，或者到了一定年紀才發現，為了賺錢卻失去了其他更重要的珍寶，包括愛人、家庭、生活樂趣，甚至是健康。

　　我是個愛賺錢的女孩，但我更熱愛追求美好的生活。成功的關鍵，歸根究柢依然跟資訊的取得有關，這一點是我後來經歷過八年的銀行生涯及自身奮鬥才學到的。我在臺南念大三時，就已經透過人脈找到臺北的工作，從基層業務開始做起，並且在一年內就升任主管。

有錢人想得跟你不一樣

　　對許多人來說，在銀行上班代表較穩健的職業，也就是所謂的「金飯碗」。但我以自身從基層到主管的歷練經驗必須要說，在銀行上班這件事，最大的價值在於取得人脈與資源。

　　誰會跟銀行往來密切？其實現在人人都需要跟銀行互動，但有一種人跟銀行的往來不是千元、萬元，或是月初存薪水及辦信用卡之類的，這種人跟銀行是「合作」關係，這還是好聽的說法，真正的意思是，這種人利用銀行的資源來賺他們自身的財富。

　　我也是後來才領悟到，為何這世界上有些人就是那麼會賺錢？並且賺錢的速度無上限，我都已經認為他們很富有了，但

是他們隔年的財報還可以更加驚人。其中背後的幫手，竟然就是我所服務的銀行。

有一位客戶有一天跑來銀行找我辦信用貸款，想要借兩百萬元。我當時有點納悶，為什麼要向銀行借錢？明明自己還有五百萬元的定存，自己有錢不用，為何還來向銀行借利息不低的信貸呢？

由於我跟那位客戶往來已經有相當的時間了，彼此也算熟識，於是他好心的幫我上一課：「Hebe，金錢的應用不是單看現在交易的金額數字，而是要從宏觀財富的資源取得觀點來看。如果我今天有一門生意，保證年報酬 10% 以上，是不是只要我能用 10% 以下的成本取得資金，都一樣可以獲利。即使銀行用 3% 利息借我錢，我還是淨賺 7%，我為什麼不要？我根本不需要動到自己的錢，成本近乎是零，報酬卻是比定存高出許多。」

也因此我才真正了解，原來「有錢人想得跟我不一樣」。

這是真正在銀行界服務的最大「福利」，不但可以認識很多有錢人，並且可以帶給我不同以往的思維。可惜很多銀行從業人員，在捧著穩定飯碗之餘，沒有好好把握這樣的機會。

倒不是說這些人不思進取，實際上，那些有錢人也不會主動跟你分享這些資訊。我因為主動積極的個性，靠著自己的觀察及敢於發問，後來才漸漸走進有錢人的世界。

我從進入社會起就在銀行服務，直到二十九歲那年離職，

從此再不當上班族。而當初刺激我行動的一個思維，就是「我快三十歲了，再不轉型怕年紀更長就來不及了」。

在銀行打拚的日子

這裡就以我八年的銀行職涯心路歷程，分享我的經歷和感觸。

我從小就是個很認真的人，學生時期就可以不怕陌生人眼光，在路邊叫賣商品。到了銀行，擔任的是業務工作，我自然是從第一天開始就勇於去追求業績。

我的成長速度有多快呢？快到根本沒有所謂的新人適應期，別人可以定位新鮮人工作前兩年是學習，但我卻在第一個月立即進入戰鬥狀態，短短一年後就晉升為主管，管理幾十個員工。

身為業務，公司自然會給予目標，基本上會設立一個高標，但是大部分人都難以達到那個高標，只是做為一種刺激大家努力的數字。可是我卻一開始就很認真的追求達標，我的標準甚至比公司要求的還要高。原因很簡單，我打拚並不是為了追求公司設定的目標，而是我有自己明確想要達到的目標，那就是想要在臺北市買一間新房子。

至今我已忘了當年公司設定的目標是什麼，但我清楚記得，我為自己設定的目標，是每個月收入要達十萬元。如果業績報酬要達到十萬元，就相當於業績額度要上看千萬，不論是

透過房貸、信貸或信用卡等，靠著陌生開發，就是要銷售那麼多的數字。然而我做到了，並且每個月都如此。

只要有心，這件事人人都能做到。例如一個好的業務員，若要做到月入五萬元，每天至少要打超過一百通電話，這是個以量取勝的概念，因為人人都有金融需求，客戶永遠在那裡，只是看誰先找到他們。

如果打一百通電話才可能做到五百萬元的生意，讓自己月收入五萬元，我就每天打超過兩百通電話，不打完就不下班，我真的就是這樣做的。

我一開始就接受新人王表揚，日後每個月都有得到各類嘉獎，但內心裡其實都只是追求自己設定的標準，第一個短期目標在兩年內就完成，那就是先還完助學貸款，接著才是下一個真正的目標——買房子。

買房子這件事並沒有那麼困難，只要存夠頭期款，人人都可以買。問題在於我設定的是高目標，我堅持只選擇臺北市蛋黃區的新成屋，所以才更加具有挑戰性。

如果頭期款可以輕易達標，也許我就比較容易鬆懈，但當年光是這個目標就很難達成了。當時正是房價飆漲的年代，我好不容易存到相當的錢了，結果一看房價又大幅飆升，逼得我又得繼續努力。

努力、努力再努力，這就是我青春時期的寫照。相較於現在的悠閒人生，當年我可是沒日沒夜的工作付出。也正因為如

此，後來有機會回頭審視這段日子就更加知道，賺錢不是單靠努力就好，賺錢必須要有效率。而我後來也知道，有效率的方法應該是抓住趨勢，以及借力使力。

▍大環境變了，金飯碗也變了

　　一場金融風暴影響了許多人的生涯，甚至可以說金融風暴改變了「每個人」。

　　過往十多年來，金融風暴不只一樁，包括各種大大小小影響金融的事件，包括房地產方面的政府打房，也包括 2020 年的全球疫情，每個事件都對市場帶來不小的衝擊，並且一環扣住一環。例如投資人及企業家受到影響，進而影響到員工生計與金融交易往來，銀行業務受影響也緊縮銀根，讓小企業資金調度更加困難，而大多數的資金縮水，消費也縮水，各行各業都受到波及。

　　一個人再怎麼兢兢業業努力工作，但在大環境的衝擊下，我們都只是被潮流左右的小人物。

　　關於這一點，我身為金融端的高階主管，當時有很大的體悟。證據就是我帶領的團隊，那幾年來不斷成長茁壯，而在金融海嘯那一年，我的團隊戰績依然卓越，奪得全國第一名。

　　但那一年年底，當我刷存款簿看了我的獎金，那個數字直教人心寒，我都已經是全國第一名的領導主管了，獎金竟然只有五千元。可想而知，其他成千上萬的銀行同儕獎金更少。

　　怎麼會這樣呢？那是因為我們雖然是第一名，但是業績金額卻比往年少很多，那已經不是業務技巧或工作態度的問題，而是大環境的「時不我予」。當人生風和日麗時，大家都有好果子可吃，但是當暴風雨來臨時，就會變得悽慘。這是我要的人生嗎？如果人生都要受制於環境，就絕對無法安穩。

　　當時即將邁入而立之年的我，內心有深深的感慨。但我算是比較幸運的，平常就愛觀察及學習，也喜歡廣結善緣，因此有著一些特殊的資源，那就是我豐沛的企業家人脈。

　　早在第一波金融風暴來襲前，我就感覺到不對勁了，關鍵就在我那群高資產的客戶們，我發現為何有些人漸漸「消失」了，這裡的消失當然不是指人消失，而是他們比較少再跟我們銀行往來了。我們已是全國數一數二的金融機構了，如果不跟我們往來，他們會去哪呢？這是我好奇的地方。

　　此外，從一些跡象也可以看出客戶的心態轉變。我有一些很熟的客戶，對投資獲利動輒千萬的他們，原本從不吝惜給我一點業績，例如我跟他們推銷一年期的基金商品，對方往往都會捧場，反正他們不在意這點「小錢」，就給我這位小妹妹做一點業績。但如今不同了，我看到大家開始「計較」，這些已不再是小錢了，有錢就要轉到真正可以獲利的市場了。

　　那個市場在哪呢？為了探究那個市場，我積極想去了解，最終甚至勇敢離開了那個工作八年、親友都認為是金飯碗的銀行業。

生涯最重大的改變

　　將滿三十歲那年，我離開了金融業。在那之前，我就已經開始積極的去做一件事，那就是主動跟有錢人學習。

　　我會主動向還在臺灣的有錢客戶請教，他們對社會趨勢的看法，從他們身上我獲知一項重大訊息，就是臺灣的金融眼界實在太狹隘了，有種坐井觀天的感覺。我當時受到當頭棒喝，後來去了一趟香港考國際金融證照，順便見識一下何謂人外有人、天外有天。

　　那時我才訝異的發現，許多臺灣數一數二的金融集團，其實在國際上並不是什麼知名角色，這世界上有太多的金融新趨勢，當海外的投資效益遠比臺灣高時，那些投資家、企業家們當然都往海外跑。

　　過往多年來我因為努力工作，也存了相當的積蓄，以此做為基礎，我勇敢辭職了。但我並不打算立即找下一份工作，而是先跟在有錢人身邊。

　　我很感恩生命中的許多貴人，允許我這個收入跟他們天差地遠的年輕女孩參與他們的聚會，並因此有機會參加很多富豪的聚會、讀書會、研討會，那不單單是獅子會、扶輪社之類的社團，而是必須憑著會員身分才能進入的貴族俱樂部等等。總之，我因為積極的想跟這些有錢人學習，後來也開拓了我的眼界。

　　但影響我人生的關鍵，還是我願意跨出那一步。在一次聚會場合中，我聽到有一個美妝商品大企業家，下個月正準備去大陸參展，聽說那是美妝界一年一度的盛會。我這個外人當時就厚著臉皮跑去跟那位不太熟的企業家主動請纓，問說可不可以讓我過去幫忙。

　　那位企業家也有點訝異，竟然有一個外人主動說要參與，並且不要求支薪。他看我勇氣可嘉就說：「好吧！如果證件來得及辦，你就跟我們的團一起吧！」

　　當時我甚至連臺胞證都還沒辦呢！但我下定決心要把握這次機會，也幸運的趕在出國前拿到臺胞證，順利的跟著這位企業家及其所屬參訪團到廣州參展，我的人生也從那一年起有了重大改變。

　　去中國後的我有怎樣的改變呢？老實說，那是一個很精彩的長篇大故事，我後來積極把握機會，在商展中認識新客戶，建立起自己的人脈，也在企業家們的引薦下廣結商機。

　　簡單說，我改用有錢人的思維、有錢人的方式，真正讓自己善用金錢，並在短短兩年內，成為在兩岸做生意的企業家，同時在廣州、福建及臺灣都有房地產投資。

　　所有的故事都還有精彩細節，但成功的關鍵在出發前就已發生，也就是說：**當我做出那個決定，人生就已邁向成功。**

//Hebe 的斜槓指引 //

以下是我給讀者的斜槓指南，聚焦的還是我前面書中提到的兩個重點：

1. 賺錢要懂得借力使力，斜槓也是如此

什麼叫斜槓？我認為彼此要能產生綜效才算。例如我學生時期的種種打工，包括擺地攤、早餐店打工等，那只是賺取工資報酬，但沒有斜槓。

而在銀行界服務時，儘管我十項全能，房地產、信貸、信用卡、保險各項業務我都懂，但最終只領一筆薪水加獎金，那也不算是斜槓。

真正的斜槓要彼此「資源流通」，例如我現在從事金融顧問、兩岸貿易還有生活用品批發等，彼此都有相關，我的 A 商品廠商，可以協助我 B 商品的服務，我的 C 客戶除了跟我合作貿易，也可以跟我合作金融，我認為這樣才是斜槓。

而背後的關鍵，第一是「資源共享」，第二是這資源「借力使力」，基本上，當一個人已擁有一、二十年累積的資源，我們直接跟他合作就好，何必要自己從零開始呢？

2. 賺錢要懂得掌握趨勢,斜槓也是如此

什麼是趨勢?一個人不管再怎麼努力,成就也是有限,這是因為站在不對的趨勢上。例如金融風暴後的臺灣,有些產業就算員工日夜加班,業績也無法提升。

一個人唯有「在對的時間點站在對的地方」,才能掌握財富,與其東兼西兼掛許多頭銜,還不如在對的趨勢底下,以符合自身價值的觀點出發,發展出相關的斜槓,那才是王道。

感恩所有支持我的貴人,感恩有錢人給我的資訊及資源。資訊的落差就是財富的落差,唯有可以掌握斜槓資源的人,才能創造自己幸福的人生。

—— 作者個人連結 ——

人人賺批發商城小幫手

Hebe LINE

三十歲前就能富裕自由的創業家觀點

/ **原子議題** / 如何結合自己專長和興趣，開創富裕自由的人生。

/ **關鍵思維** / 找出自己的專長，並且勇於挑戰新的領域，善於應用自己的優勢，打造藍海市場。

運籌帷幄的生涯實業家 /John

斜槓核心：複製與傳承

斜槓身分：

職業級羽球教練／維特空間體系創辦人／生涯顧問師及事業孵育師／茶飲店老闆／高階保險經紀人／房地產投資專家／網拍貿易達人

人生最終幸福成功與否，
專業能力很重要，
但善於理財及創造商業模式更重要。
因此許多的藝人們，
即便臺上看似風光，可以日入斗金，
他們也需搶在還能搏得版面的保鮮時效前，
開拓其他副業，安保晚年還有收入。
我很年輕就可以擁有多元的事業，
當我打造一個又一個的被動式收入後，
那時再回頭悠閒的享受我的興趣與專業，
永遠也不遲。

▌一個羽球教練的心聲

我的興趣是打羽球，那是從小就培養的，我不僅把它當成休閒樂趣，而且還朝著職業方向拓展。直到二十歲前，我的學習教育歷程，走的都是體育培訓路線，一路以體育資優成績保送，最終進入體育大學，有很長一段時間，我的人生目標就是要當個羽球國手。包括臺灣之光戴資穎、周天成等，也都是平日練習會抓對廝殺的球友。

畢業至今大約十年，現在的我依然熱愛羽球，每星期也會回母校擔任羽球教練，只不過羽球現在對我來說只是做為教育傳承的一個項目，取之於國家也回饋給國家。但如今的我，並不把這列為收入來源，完全是輕鬆寫意的心境在教羽球。

在人生的某個關鍵時刻，如果沒做出某種改變，極可能後來的發展也不是這樣子。若不是加入國家代表隊到世界各地參賽，就是在各級學校擔任教練或者指導顧問，既然有資格擔任國手的人寥寥無幾，所以後者的可能性占八、九成以上。

不是説體育教練的職涯不好，實際上我尊敬每一位投入運動專業項目、為國爭光或者散播體育種子的人，但如果在拓展體育專長的同時，又能夠財務無虞，那樣的人生絕對會更好，至少不用邊打球邊擔心著下個月的房貸或信用卡帳單。

當然，這樣的概念不只適用在體育專業，而是適用在所有的專業，不管你是圍棋好手、漫畫達人、田野賞鳥熱愛者或是

吟詩社成員都一樣。

專長及興趣可以陪伴你一輩子，但我認為在追求自己熱愛領域的同時，若能適時打造讓自己財富自由的商業模式，人生會更加幸福。

如今才三十出頭的我，是如何在不放棄自己熱愛的羽球的前提下，拓展出財富斜槓人生呢？關鍵在於經常自我省思，以及很早就把握住可以賺錢的商機。

轉變的發生是在我讀大一，年紀才十八歲的時候。

▎一個體大學生的心聲

大一，正是青春綻放的年紀，世界如此寬廣，有太多好玩的事，那時一切的人生煩惱都可以留待以後再說。反正年輕就是本錢，更何況像我這樣投入體育培訓的青年，已經有一套前人走出來的職涯之路可以依循。

但是當時的我卻不那麼快樂，因為我已經發現這條路不是那麼可行。感性的我知道，只要在不同運動項目做出成績，最終可以變成一個體育明星，屆時收入將遠遠超過普羅大眾。

然而理性的我也知道，真的能闖出這樣明星路的人少之又少，而且從新聞媒體報導不時可以看到，即便曾是國手甚至帶著職棒球星光環的人，許多人後來竟然淪入作奸犯科或者晚景淒涼，令人不勝唏噓。所以我在大學的時候，就已經對前途感到憂心忡忡了。

　　我是個很自律的人，事實上，能夠從國小到大學被以體育資優保送，這樣的運動選手背後，絕對都經歷過相當的操練，生活會比一般青少年自律。上大學後，我除了勤於練球，也已開始投入以技能賺錢的生涯。以打工收入做比較，我當時教球的時薪還挺不錯的，遠勝過一般人當家教或者去加油站、便利商店等場域服務的工資。即便如此，邊打工邊努力存錢的我，也還是煩惱著，運動職涯這條路將來該怎麼走。

　　如同《祕密》一書所強調的，心念只要夠強大，宇宙就會給你回應。當時一直思考著如何拓展人生的我，很快就遇到人生的一次轉機。

　　這個轉機在我大一時發生的，那時朋友邀我一起投入網拍事業。以某個角度來說，可以說我運氣好，遇到天時、地利、人和，但換個角度來看，其他人站在我的位置，不一定會做出和我一樣的選擇。畢竟才十八歲的青年，去談戀愛、玩社團該有多好，何必年紀輕輕就去操煩什麼事業？但當年的我選擇投入這樣的事業，開啟了常態的國際奔波找貨、買貨歷程。

一個網拍達人的心聲

　　大學時期，本科是體育的我就已開始「從商」了，幾乎每個星期都得趁著沒排課的日子和週末飛往日本。

　　那是十多年前，當時線上經濟雖已日漸火紅，但許多如今普及的商業平臺和交易模式，那時都尚未成氣候，另一方面，

網路創業的競爭者也沒有現在那麼多。

當時我和我的好哥兒們，以及他在日本念研究所的哥哥，大家都不過是二十歲上下的小夥子，有一天這位好哥們來找我，問我要不要一起做代購，當時還沒什麼商業經驗的我，根本不知道什麼是代購，他向我解釋，我們可以從日本引進當紅的商品來臺灣賣，只要價格管控得好，就可以賺到價差。

當時真的是天時、地利、人和，那時候很多海外熱銷的商品，在臺灣都還沒有代理商，而且日本跟臺灣地理上的距離雖然很近，可是商品資訊卻有不小的落差。而我這位好哥兒們是服裝設計師，很懂得時尚潮流，他哥哥正好在日本念研究所，可以成為當地的聯絡中心，就這樣，形成了我們的營運團隊。

當時的我正煩惱著職涯未來，有這樣的機會當然就立即把握。那時我們代購的商品，就是如今大街小巷都可以看到的UNIQLO。說起來我們的賺錢機制也很簡單，臺灣朋友有這方面的需求，我們就讓他們買得到貨就對了。只要我們銷售的單價大於進貨成本就會有利潤，而所謂的成本，就是我們去日本選貨、買貨的買入價，以及往返的交通、食宿支出。

經過簡單的計算就可以算出，當銷售達到一定的量時，獲利是非常大的。而且在成本方面，後來連交通費這一塊都可以省下來，主要是因為我們初期要和日本賣家建立信任感，每回都必須去現場選貨、訂貨及面對面溝通，但經常性的往來一段時日後，就只需透過電話交易，一方匯款一方出貨。

　　當年我們的賣價也不算離譜，一件 T 恤只賣三、四百元，只因進貨成本較低，加上同樣是 UNIQLO，有多種品項可以選擇，所以利潤還算不錯。更何況既然都已經從事代購了，在當時的網路平臺上也有了一定客源，因此我們後來不只代購一種品牌，開始從香港引進潮牌商品等等。

　　就這樣，我們開啟了網購生涯，並且在短短的幾個月內就賺到了第一桶金。之後更在幾年內為彼此都累積了一筆對年輕人來說非常豐厚的資金，我的好哥兒們也跟他哥哥移民到加拿大，過著半退休的人生，我自己則是留在臺灣，繼續拓展我日後的斜槓人生。

一個大學就賺到豐富年收者的心聲

　　純以技巧面來看，當年我們投入代購做網拍事業，初始就只是抓住時機，在 UNIQLO 正式進軍臺灣前，滿足臺灣市場的胃納。當然，後來隨著資金越來越雄厚，我們也投入更多營運心思在平臺上，例如，後來我們邀請了藝人棒棒糖男孩及黑澀會美眉擔任模特兒，在平臺上陳列數百張的衣服款式照片。

　　在 UNIQLO 正式來臺前，有一段時間，我們的平臺就算不是臺灣最大的 UNIQLO 銷售通路，也絕對是前幾大的代購管道，事實上，就連不少中盤商都選擇跟我們進貨。

　　對我來說，那個過程等於是讓我從零開始學會商業運營，我也從那樣的親身經歷中，真正了解商品進出口流程、每月財

報製作，以及包含 BtoB 和 BtoC 的實戰，舉凡如何製訂價格政策、如何做庫存管理、如何掌控交貨時程、如何商品包裝、如何做基本廣宣、如何處理客訴等等。

也包含因應各種商業競爭或危機處理，例如當時我們因為樹大招風，一年內被多次檢舉未開發票或者遭質疑貨源等等。為此，我們後來也按部就班的做了公司登記，從原本的商號，最後變成股份有限公司，整套的公司創立登記事項，我也都親身參與過。

原本念體育的我，在大學期間最大的學習收穫，反倒是整套的商學，甚至可以說，我學習的課程比一般正統商學院的學生還要充實、真切。

就這樣，當別的學生還在想著畢業後當兵及如何投遞履歷的問題，甚至對未來的生涯還沒想太多時，二十歲出頭的我，就已經以企業家的視野在看世界了。

也許有朋友會覺得，我的經歷感覺上純粹是幸運，而且這樣的模式已經無法套用在其他人身上了，因為那個時機點已經過去。隨著日本阪急百貨進駐臺灣，包含 UNIQLO 和諸多原本海外才有的品牌，如今也都來臺灣設立了專櫃，或者有專業的代理商。

儘管 UNIQLO 的商機沒了，但任何時刻還是有不同的商機，只看一個人願不願意去把握。以我本身來說，在大學畢業服完兵役後，我的代購事業也到了尾聲，可是我沒有因此停頓

事業，反而發展出更多元的斜槓事業。

▌一個創業者的心聲

　　大學時期的網拍經驗，讓我真正了解一件事，那就是「藍海市場」和「紅海市場」的區別，雖然大部分的人都了解什麼叫藍海、什麼叫紅海，卻不一定可以實際應用在生活上。

　　對一般非企業主或非高階主管來說，可能會覺得自己只是企業部門的一個小小員工，什麼市場占有率或商品創新，跟自己沒有直接相關。然而處在現代社會上，每個人都應該是銷售員，銷售的正是自己這個獨一無二的「品牌」。

　　基本上，一項供給的可取代性越小就越有價值，當然，還需要搭配市場需求，如果該項服務只有你能提供，但市場上並沒有這方面的需求，你就必須想辦法去創造需求。

　　以我的成長歷練來看，為何我光是擔任羽球教練，就可以有不錯的打工收入？那是因為具備羽球科班專業的人並不多。同理，後來我們經營網路代購，為何可以興旺好幾年？也是因為在那個時間點，可以用更便宜的方式取代我們銷售模式的商家並不多。

　　如果把這樣的思維應用在我們的人生，當我們願意用心去思考，什麼是我的優勢，或者哪一個市場尚有哪個需求沒有人填補，那就是我們的機會。

　　也就是以這樣的思維，我後來轉戰不同的商場領域，都還

是能做出一番成績來。如果説每一個選擇都能帶給我超越一般上班族的年收入，那麼，當我可以同時做出很多這類「必勝」的選擇，自然就因此讓我的年收入比一般人多好幾倍。

必須聲明的是，這無關出身背景，我是一個平凡的新竹客家人，家境尚可，創業資金都是靠自己去賺取的。另外，這也無關機運，如前所述，我的確是碰到了商機，但重點是我願意把握。我相信，我的模式雖然是日本代購，可是每位讀者在過往人生歷程中，一定也有屬於自己的某種商機，或許是朋友邀你合作某個生意，或許是你曾經看見的某種社會需求，心中一個念頭閃起，做這件事也許有商機。只不過後來你有沒有化想法為行動，還是念頭閃過心動一下下，之後又船過水無痕？

具體來説，我鼓勵大家，特別是年輕人，當走在日復一日的平凡人生道路上，要經常居安思危，保留嘗試改變的可能。當有機會時，經過認真的評估，不妨勇敢去闖蕩一番。

▋一個用心體驗上班族心境者的心聲

如同我和朋友經營的 UNIQLO 代購平臺，曾經也火紅了幾年，最終也沒落了。所以就算處在收入高峰時期，也都要去想想，這條路是否可以長期走下去？

趨勢以及市場供需真的很重要，以平臺經營為例，理論上，我們已經越做越有經驗，也有更多資金可以投入在廣告行銷上，理當事業越做越旺，只要順著同一條道路走下去，要讓

自己成為臺灣前幾大的銷售網路平臺也不無可能。

如今這平臺雖然還在，但只能算是玩票性質的擺在那裡，流量很少，也不是我主力營運的項目。這對應的正是現代的網際網路環境，各類線上線下經濟都已非常蓬勃，什麼 OtoO（Online to Offline）、DtoC（Direct to Consumer），或者訂閱經濟、分享經濟等商業模式都已非常盛行，我們這樣子傳統的網購模式，自然難以再獲得如同以往的利潤。

然而我也不會感慨時不我予，因為這個市場沒了，其他市場還在等我呢！只不過就算有市場，也不是人人都能獲利，重點還是夠不夠專業。我覺得若要真正進入一個產業，最好要從基礎用心去認識那個產業。畢業後的我，深感房地產領域有前景，因為我看到許多人都因投資房地產而致富。為此，我從基層業務員做起，加入臺灣數一數二的房地產仲介集團。

我有些朋友很難想像，畢竟我很年輕就當上老闆，也賺了不少錢，這樣的我竟然願意從頭開始去當個上班族，並且還過著操勞的日子。傳說中房仲業者一天工作超過十二個小時，那樣的體驗我不但親身經歷過，並且我這個人對一件事不做則已，要做就要讓自己做到位。

我當時認真的程度，真的是日日夜夜兢兢業業，一點也不誇張。我有很長一段時間是穿著西裝睡覺，只為了一覺醒來能用最快的時間趕去公司開早會，以及進行一整天的忙碌行程。

朋友問我何必那麼辛苦，又不是真的缺錢。我跟他們說，

我來當房仲銷售業務，不是為了想賺更多錢，而是想試著用員工的心態來看世界，因為我擔心自己太年輕就自詡為老闆，是否無法以一般基層員工的心境來對人對事？為此我親身從基層幹起，了解一般人的工作辛酸，這樣就可以避免日後經營事業的時候，思慮有了盲點。

我做了將近四年的房仲業務工作，並且也有了一定的銷售成績，重點是我對當時對房地產市場及相關的專業知識，都有了相當的了解。

具體學習成果表現在兩方面：

1. 我因為了解房地產，後來正式投入不動產投資，對於如何善用房產空間創造最大坪效，這部分我有相當的體悟。最終並創立了一個空間租用品牌：維特空間。

2. 我因為確實的投入房地產銷售，建立了相當的人脈，而且這些人脈都是扎扎實實的有效人脈。證據就是當我後來轉戰保險業，這些房仲時期的老客戶，許多人都變成我的保險客戶，所以我很短的時間內，就在保險產業做出成績，成為一個帶領團隊、年收數百萬元的專業經理人。

保險產業？是的，這又是我另一個讓朋友跌破眼鏡的生涯轉型。

▌一個空間事業經營者的心聲

進入社會工作至今大約十年，年紀才三十出頭的我，職場資歷算是相當淺的。但我的最大特色就是，我同時扮演好企業經營者及企業員工的角色，彼此相輔相成，並且我敢肯定的說，我在每一項斜槓身分中，都將自己的才能發揮得很好，做出不錯的成績。

在上班族身分上，我在離開房仲產業後，曾有一段時間只在專注的投資，但是大部分的日子，我都是在一般職場，當個貼近第一線的成員，我在保險公司至今已超過五年，並且成績優異。

但我的斜槓經驗主要還是在我以企業營運者立場的時候，包括原本的網路平臺，而在大學時期就已培養出敏銳的市場觀察力的我，也喜歡以經營投資的角度看世界，那時我看準臺灣南北都火熱的飲料風，決定投身這個產業。

我也曾經考慮過是否自創品牌，後來經過深思後，覺得再怎樣都拚不過在市場有名氣的品牌，因此改為加盟知名茶飲體系，擁有自己的店面。

那時我也很慎重的參與總公司培訓流程，雖然日後我在飲料店並非第一線面對消費者，但即便是擔任幕後老闆，我也保持常態關心每日客流量，以及這個市場的新趨勢。

另一個我主力投資的項目則是房地產，那時我漸漸發現，

與其全部自己出資，不如改採集資形式，一方面讓風險分散，使得資金運用更靈活；另一方面我也創造了商機給原本手中資金不夠的朋友，讓他們有機會可以擁有資產。

在這樣的過程中，我自己也感覺，透過這種集資的模式，真的可以幫助很多朋友，日後這也成為我很多事業經營的常態。我在很多事業中可能是大股東，也可能只是股東之一，但我可以因此跟很多事業建立連結，也結交了很多新朋友。

我知道對許多人來説，擁有自己的房子是一生的夢想，我雖然投資了不少不動產，但也設定了一個夢想高標，包括在臺北市擁有透天花園別墅，以及在我老家新竹，有可以照顧家族的優雅住宿空間。

房子不只攸關住宿，也攸關到其他商業應用，例如辦公室出租及會議使用等。延續著房地產投資思維，最後自然而然的，我轉戰辦公室空間租用和再進階的空間營運，這就是我創立的空間品牌「維特」（WeTalk）。

這是個優質的商務空間，我強調的特色是：別人有的我一定有，別人做不到的我卻能做得到。因此在我的 WeTalk 空間裡，不論是硬體建置、空間安排及人員服務，都得到很高的讚譽，也因為如此，這個品牌得到認可，在 2021 年時已經拓展到四家分店了。

//John 的斜槓指引 //

如今的我，一方面是維特空間等事業的經營者，另一方面依然在保險產業服務，並且依然定期撥空回母校教授我熱愛的羽球。

我立志想要助人，因此我以開放的態度協助有志於發展事業的朋友。具體來說，我有很多的商業理念或新興投資規劃，對我擘劃的藍圖有興趣的朋友，可以參加我的募資，成為事業的一份子。

或者，一個人有他的專業，卻不知道如何將這樣的專業拓展成事業，很多人也擔憂他現在所處的行業，未來十年可能發生變遷，擔心老年時財務狀況出問題。對於這類的朋友，我也提供了專業的職涯諮詢服務，並且定期在我的維特空間舉辦生涯方面的講座，長期輔導年輕人。

最後，關於斜槓分享，我想要跟讀者強調的原子習慣，有兩個最大重點：

1. 找出自己的優勢，然後藉由複製跟傳承，來拓展事業及財務，這也是我的斜槓核心。透過找到好的商業模式不斷複製（例如打造加盟或者建立常態的業務模式）以及不斷傳承（即如今的募資系統），那麼就有較長遠的職涯榮景。

2. 把焦點放在軟體，而非硬體。所謂軟體就是你這個人，要有「不被取代」的專業，那麼將來不論你轉換什麼跑道，身處什麼行業，都不怕找不到出路，就如同我在大學時期就培養的商戰實務，可以伴隨我一生。

　　如果一時之間對人生出路找不到頭緒，那麼，結交可以帶給你正面啟發的朋友，例如來維特空間參加不同的學習進修課程，或者加入商務交流會，都能帶給我們好的指引。至於怎樣經營自己這個品牌，歡迎透過與我一對一諮詢，教學相長，為成功的未來鋪路。

―――― 作者個人連結 ――――

共享汽車 EZGO
https://17ezgo.com.tw

共享空間 WeTalk 維特空間
https://www.wetalk-space.com

斜槓族的 13 個原子習慣

建立正確習慣，改變未來人生

作　　　者／王俊凱、Anderson、小薇、Joè、喬王、Grace、Kota、阿元、April、Kevin、
　　　　　　陳建鼎、Hebe、John
總 策 畫／吳明展
美 術 編 輯／孤獨船長工作室
責 任 編 輯／許典春
企畫選書人／賈俊國

總 編 輯／賈俊國
副 總 編 輯／蘇士尹
編　　　輯／高懿萩
行 銷 企 畫／張莉榮‧蕭羽猜‧黃欣

發 行 人／何飛鵬
法 律 顧 問／元禾法律事務所王子文律師
出　　　版／布克文化出版事業部
　　　　　　臺北市中山區民生東路二段 141 號 8 樓
　　　　　　電話：(02)2500-7008 傳真：(02)2502-7676
　　　　　　Email：sbooker.service@cite.com.tw
發　　　行／英屬蓋曼群島商家庭傳媒股份有限公司城邦分公司
　　　　　　臺北市中山區民生東路二段 141 號 2 樓
　　　　　　書虫客服服務專線：(02)2500-7718；2500-7719
　　　　　　24 小時傳真專線：(02)2500-1990；2500-1991
　　　　　　劃撥帳號：19863813；戶名：書虫股份有限公司
　　　　　　讀者服務信箱：service@readingclub.com.tw
香港發行所／城邦（香港）出版集團有限公司
　　　　　　香港灣仔駱克道 193 號東超商業中心 1 樓
　　　　　　電話：+852-2508-6231 傳真：+852-2578-9337
　　　　　　Email：hkcite@biznetvigator.com
馬新發行所／城邦（馬新）出版集團 Cité (M) Sdn. Bhd.
　　　　　　41, Jalan Radin Anum, Bandar Baru Sri Petaling,
　　　　　　57000 Kuala Lumpur, Malaysia
　　　　　　電話：+603-9057-8822 傳真：+603-9057-6622
　　　　　　Email：cite@cite.com.my

印　　　刷／韋懋實業有限公司
初　　　版／2021 年 10 月
定　　　價／300 元
Ｉ Ｓ Ｂ Ｎ／978-986-0796-46-9
　　　　　　9789860796452 （EPUB）

城邦讀書花園　布克文化
www.cite.com.tw　WWW.SBOOKER.COM.TW